Sons e sabores © Morena Leite, 2024.

Direitos desta edição reservados ao Serviço Nacional de Aprendizagem Comercial – Administração Regional do Rio de Janeiro.

Vedada, nos termos da lei, a reprodução total ou parcial deste livro.

SENAC RJ

Presidente do Conselho Regional
Antonio Florencio de Queiroz Junior

Diretor Regional
Sergio Arthur Ribeiro da Silva

Diretor de Operações Compartilhadas
Pedro Paulo Vieira de Mello Teixeira

Diretora Administrativo-financeira
Jussara Alvares Duarte

Assessor de Inovação e Produtos
Claudio Tangari

Editora Senac Rio
Rua Pompeu Loureiro, 45/11º andar
Copacabana – Rio de Janeiro
CEP: 22061-000 – RJ
comercial.editora@rj.senac.br
editora@rj.senac.br
www.rj.senac.br/editora

Editora: Daniele Paraiso

Produção editorial: Cláudia Amorim (coordenação), Manuela Soares (prospecção), Andréa Regina Almeida, Gypsi Canetti, Jacqueline Gutierrez e Laize Oliveira (copidesque e revisão de textos), Julio Lapenne, Priscila Barboza, Roberta Silva e Vinícius Silva (design)

Impressão: Coan Indústria Gráfica Ltda.
1ª edição: julho de 2024

Capa: Nina Pandolfo

Coordenação Editorial: Morena Leite e Camilla Sola

Coordenação Musical: Moreno Veloso

Criação e Projeto Gráfico: Camilla Sola/CS Criação

Fotos: Rogério Voltan (comidas), Marcos Hermes (Morena Leite e Moreno Veloso)

Assistente de Fotografia: Danilo Aoki

Direção de Fotografia: Camilla Sola/CS Criação

Produção de Objetos: Morena Leite

Produção das Receitas: Sanae, Meia-Noite, Carlos, Jandes, Zeildo e Júnior

Revisão Gastronômica e Testagem das Receitas: Maria Jussara Correa Lunas e Roberta Monteiro da Silva

Diagramação e Ilustração: CS Criação

Tratamento de Imagem: Luiz Miranda

Fotos de Guardas e das Páginas 14, 18, 19, 38, 39, 58, 59, 79, 98 e 99: iStockphoto

Revisão Ortográfica: Clara Diament e Jorge Cotrin

Coordenação Administrativa: Grupo Capim Santo

Textos: Morena Leite, Sandra Marques, Moreno Veloso, Arnaldo Antunes e Carlos Alberto Doria

MÚSICAS
Produzidas por Moreno Veloso e equipe
Gravadas por Moreno no estúdio Casinha
Mixadas por Igor Ferreira no estúdio DoAmor
Masterizadas por Daniel Carvalho no estúdio Casa da Nina

CS Criação
Rua Gaivota 1.855 – Moema – CEP 04522-034 – São Paulo
www.camillasola.com
instagram: @CS_criacao

CIP-BRASIL. CATALOGAÇÃO NA PUBLICAÇÃO
SINDICATO NACIONAL DOS EDITORES DE LIVROS, RJ

L554s

Leite, Morena
    Sons e sabores / Morena Leite. - 1. ed. - Rio de Janeiro : Ed. SENAC Rio, 2024.
    144 p. ; 29x29 cm.

    ISBN 978-85-7756-455-2

    1. Gastronomia - Aspectos culturais. 2. Culinária brasileira - Trilha sonora. I. Título.

24-92274   CDD: 641.5981
                    CDU: 641.3:78.01(81)

Gabriela Faray Ferreira Lopes - Bibliotecária - CRB-7/6643

O sabor e o som...

... se misturam na boca. Comida entra, canto sai. Ar entra, ar sai. Assim se faz a cultura, arejada no trânsito entre os sentidos. A palavra, a melodia, a língua em movimento entre os temperos. O que se mastiga e engole com gosto vai pro sangue. O sangue bombeia o coração, como a canção. "Nutrição de impulsos", na expressão de Ezra Pound, ao definir a poesia. "Comida, diversão e arte".

Os restaurantes com música ao vivo. Os repentistas nas feiras do Nordeste. As comidas de orixás, entre cantos e batuques, nos terreiros. A sanfona temperando os quitutes nas festas de São João. As capas de Pérola Negra, *Acabou chorare*, Secos e molhados. O "mate, limão, polvilho salgado e doce" entoado melodicamente nas praias do Rio, como as frutas e os legumes anunciados nas barracas das feiras de São Paulo. O jantar dançante. O *Almoço com as estrelas*. As frutas nos turbantes de Carmem Miranda. A sonoplastia dos ruídos da mesa de jantar no final da gravação de "Panis et circenses". A receita do "Vatapá", de Caymmi. O "Ovo de codorna". "O cheiro do cravo, a cor de canela". O "camarão ensopadinho com chuchu". Gil: "Eu gosto mesmo é de comer com coentro. Uma moqueca, uma salada, cultura, feijoada, lucidez, loucura."

Música popular e culinária — essas duas artes sempre estiveram juntas, ativando intensamente a memória, enquanto celebram o presente. Na boca que canta, beija e come, tomando de assalto o corpo todo — na dança, no êxtase, no inebriamento dos sentidos. É o que nos revelam Morena e Moreno neste livro pleno de prazeres que afinam e alimentam nossa identidade coletiva.

Arnaldo Antunes

Morena Leite

Chef Morena Leite cresceu na cozinha do restaurante de seus pais, em Trancoso, na Bahia, e fez o caminho inverso dos portugueses, que há quinhentos anos chegaram naqueles mares em busca de especiarias: seguiu para a Europa em busca de técnica gastronômica e se formou no Cordon Bleu de Paris, em 1999, como chef de cozinha e confeitaria. De volta ao país, aporta no Capim Santo, em São Paulo, com a missão de divulgar a cultura brasileira via nossa cozinha, de acordo com a técnica francesa: valorizando nossos ingredientes, mas sempre priorizando o afeto e a valorização da sua equipe – oitenta cozinheiros, entre oito cozinhas. Morena sempre gostou de se comunicar, de contar e ouvir histórias, e sua maneira de captá-las e se expressar desde pequena foi por meio de receitas.

Hoje, além dos restaurantes Capim Santo (no Solar Fábio Prado, antigo Museu da Casa Brasileira, Instituto Tomie Ohtake e Sírio Libanês), ela também comanda um bufê e um instituto (centro de capacitação gastronômica para jovens de escolas públicas). Já fez um programa de televisão chamado Tasted, no Glitz, no qual viajou o Brasil e usou a gastronomia para revelar nossas crenças, nossos costumes e sabores. Escreveu oito livros de cozinha e, de forma antropológica, mostra que o alimento também nos nutre culturalmente, geograficamente, historicamente, espiritualmente e musicalmente. *Sons e Sabores* foi inspirado no livro *Ritmos e receitas*, que Morena lançou em Paris no ano de 2005, com receitas e músicas que falam de comida.

Moreno Veloso

Moreno Veloso nasceu na cidade de Salvador, Bahia, em 1972. Filho de Caetano Veloso e Dedé Gadelha, compôs sua primeira canção em parceria com o pai aos 8 anos de idade: "Um canto de afoxé para o bloco do Ilê". Formou com Domenico Lancellotti e Alexandre Kassin o projeto +2, no qual lançou seu primeiro disco: *Máquina de escrever música*, no ano de 2000. Obteve o diploma de física pela Universidade Federal do Rio de Janeiro (UFRJ), em 2005. Em 2010 lançou no Japão seu primeiro disco solo e em 2014, seu mais recente trabalho de estúdio: *Coisa boa*. Atua como produtor musical na feitura de discos de diversos artistas, como Gal Costa, Gilberto Gil, Rubinho Jacobina e Jonas Sá. Segue dividindo seu tempo entre compor, fazer shows e trabalhar nos estúdios de gravação.

sumário
gastronômico
por Morena Leite

11	Prefácio
16	Receita, ecossistemas do Brasil
20	Mar • receitas
40	Montanha • receitas
60	Floresta • receitas
80	Cerrado • receitas
100	Sertão • receitas
118	Pilares sonoros
122	Trilha sonora
134	Meu muito obrigada
136	Cenografia
142	Capa

Brasil!
Meu Brasil brasileiro
Meu mulato inzoneiro
Vou cantar-te
Nos meus versos
Ary Barroso

No futuro, quando olharem para trás e contemplarem esta segunda década do século XXI, verão que a gastronomia viveu, nela, um momento de inflexão. A globalização, rompendo fronteiras nacionais, entrou Brasil adentro e dissolveu também as fronteiras dos estados brasileiros. Já não faz sentido falar em culinária pernambucana, mineira, paulista, gaúcha ou paraense apenas porque o avanço do conhecimento sobre o que se come na vertente popular apagou aqueles recortes que antes serviam basicamente para fins administrativos e da indústria do turismo. A culinária, mais do que nunca, ficou livre e sem amarras. Come-se escondidinho, moqueca, baião de dois, churrasco, acarajé... em toda e qualquer parte, ombreando com pizzas, sushis, kebab.

Então, hoje, o nosso problema é rearranjar a comida dos brasileiros no imenso território do país, mostrando fronteiras do gosto, de hábitos culturais, musicais e tudo o que conta como ingrediente para a construção do futuro. Para ter ideia da dificuldade, basta pensar que em um Brasil se come salsinha, em outro se come coentro, e não sabemos exatamente onde passam as fronteiras dessas preferências nem como surgiram. Do mesmo modo, musicalmente temos várias fontes de sonoridade (coco, embolada, martelo agalopado, guarânia, moda de viola caipira, samba rural, samba urbano...). Esse também é um período de emergência da culinária popular como imenso repertório de inspiração

da gastronomia, à semelhança de como os temas da música popular influenciaram o jazz ou a bossa-nova na suas formas eruditas.

Antes existia uma clara divisão entre o que a elite comia – imitando primeiro Portugal, depois a França e mais recentemente vários polos mundo afora – e o que o povo comia. A culinária das elites era bastante uniforme no mundo todo, especialmente no período de domínio cultural da França; a comida popular, ao contrário, dispersa, variada, sem comunicação entre seus vários componentes. É como se cada país tivesse duas "cozinhas". E a ideia de unificação, de expressão nacional vem, contraditoriamente, quando a globalização avança. É como se precisássemos unir todas as nossas forças para mostrar que somos originais no meio de tanta "igualdade", sendo esta, no terreno da alimentação, materializada pelas cadeias mundiais de fast food. Ou seja, a identidade tornou-se uma questão mais aguda justamente quando a época das diferenças nacionais e regionais passou.

Podemos chamar de "alma", de "orgulho nacional", do que for, mas o certo é que sempre sabemos do que estamos falando quando nos referimos à nossa cozinha inzoneira – como a denominei, pois em geral conhecemos a palavra e não sabemos exatamente o que é – seja pelos sabores, seja pelas cores ou pelo jeitão do que comemos. Então, como diziam os autores modernistas, a nossa questão é de expressão. Precisamos achar a nossa expressão e, ao fazê-lo, nos achamos. Para isso, precisamos ter uma estratégia de achamento.

Uma das estratégias de achamento tem sido percorrer o país por seus conjuntos naturais, como os biomas. Não é um caminho fácil, pois a diversidade e a extensão de cada um são enormes e é impossível sintetizar essa imensidão em um conceito único. Tomemos como exemplo o pequi, domesticado há milênios pelos povos pré-coloniais. Facilmente, identificamos o fruto com o cerrado, mas ele ocorre em zonas de Mata Atlântica e também na Amazônia. Então, como ficamos?

Outra estratégia tem sido identificar os espaços onde ocorreram histórias de formação diferentes: os pampas e as fronteiras, a zona do pastoreio nordestino, a coleta de especiarias ou "drogas do sertão", a culinária de raízes guaranis (caipira) e assim por diante. Essa vertente, combinada com o conhecimento dos ecossistemas contidos em cada uma dessas zonas histórico-culturais, tem sido mais útil do que a mera delimitação dos biomas.

Acredito que haja uniformidades transversais que é necessário aprofundar, e este livro de Morena Leite ajuda a dar corpo a essa estratégia de abordagem. Eu mesmo já observei afinidades funcionais que dividem nossa cozinha em secos e molhados. O universo dos pratos secos, praticado secularmente nos sertões,

serviu para as estratégias de conquista dos bandeirantes e para as andanças dos tropeiros, sendo característico da zona pecuária sertaneja. Destacam-se, nesse conjunto, o cuscuz – especialmente o prato completo, que é o cuscuz paulista –, as paçocas, o moquém, a carne-seca e o próprio universo das farinhas de mandioca e de milho. No polo oposto, temos a cozinha dos ensopados e refogados ricos em ingredientes típicos do litoral – dando corpo à nossa cozinha molhada. Do Pará ao Rio Grande do Sul, o litoral apresenta uma enorme variedade de peixadas ou moquecas, com ou sem leite de coco ou dendê. Dessa maneira, secos e molhados refletem os hábitos nômades ou sedentários da população brasileira ao longo da história. E Câmara Cascudo, fino observador, já havia sugerido que o ponto de encontro dessas duas tendências se acha, na cozinha, no pirão. De um lado deste, o chibé, os mingaus, o curau, a pamonha; do outro, as paçocas, as farofas e a variedade das farinhas pura e simplesmente.

Outro modo sensível de classificar a nossa culinária é como faz Morena Leite no presente livro: mar, montanha, floresta, cerrado, sertão – tudo com mais licença poética do que com o rigor que geógrafos ou historiadores exigiriam.

Morena cresceu no restaurante dos seus pais, em Trancoso; descobriu sua vocação, viajou para estudar culinária, inclusive com especialização em confeitaria.

Na volta, abriu o seu agradável Capim Santo na Vila Madalena, em São Paulo (do qual, aliás, tenho saudades), que evoluiu para a atual versão *reloaded*. Neste, a liberdade de composição, em que alia ingredientes, memória e técnicas refinadas, é mais do que evidente.

O cerrado comparece com o tradicional arroz com frango e pequi, além do pintado na brasa com creme de milho e do pudim de milho, tudo destacando a presença forte do milho nesse espaço onde outrora predominou a cultura tupi-guarani, mais afeita ao milho do que à mandioca. O sertão, em uma leitura livre, é evocado no ravióli de tapioca, no xinxim de galinha, no arroz carreteiro – indicando que Morena o compreende em uma vasta latitude. Da beira-mar, ela convoca o indefectível vatapá de frutos do mar, o ceviche de aratu com sorbet de cajá, o mil-folhas de batata-doce com robalo e dueto de kiwi, o tropeiro com frutos do mar, o papillote de peixe com farofa de camarão e castanha de licuri, além da moqueca de arraia e maturi, o aligot de tapioca com ragu de lagosta. Enfim, o que poderia parecer uma mesmice – dada a enorme extensão da nossa costa – se reconfigura em pratos provocativos que despertam a curiosidade. Da montanha, Morena traz a coxinha de batata-doce com faisão, o suflê de pinhão, a costela com canjiquinha e chips de couve. Finalmente, da floresta, pastel de palmito pupunha com gema mole, blinis de tapioca com surubim defumado, nhoque de mandioquinha com brie e mel, o pirarucu em cama de legumes, o tucunaré com purê de pupunha e farofa de tapioca – também evidenciando a grande latitude da sua floresta.

Essa breve descrição de pratos detalhados nas páginas a seguir revela também o encontro entre o espírito de brasilidade da autora e sua formação europeia, que convergem para o que se considera a melhor cozinha, como pode ser visto no Capim Santo. Livros de receitas não são feitos apenas para tentar ensinar o leitor a cozinhar melhor, mas para cozinhar segundo uma leitura e interpretação autorais, ou seja, uma cozinha *à ma façon*. E esse é o Brasil que Morena Leite encontra dentro de si, por sua história, trajetória de vida e preferências pessoais.

Ora, é exatamente nesse sentido – de algo à minha maneira proposto pela cozinheira – que me parece que a culinária pode ser conjugada com a música. Algo muito evidente no jazz e na bossa-nova, como a improvisação criativa feita sobre temas populares, pode também ser encontrado na cozinha. Logo, podemos tomar este livro como uma conjugação de espíritos, para além dos prenomes, de Morena Leite e Moreno Veloso. Que o leitor se sintonize na leitura e audição.

Carlos Alberto Dória

DNA
gastronômico,
por Sandra Marques

A minha ligação com a cozinha vem da primeira infância, quando via minha avó paterna e minhas tias prepararem tachos de goiabada feitos de frutas colhidas em um goiabal nas proximidades de nossa casa. Era quase um ritual. Íamos felizes, todas as crianças, com cestos na mão e o lúdico na cabeça. Lembro também a produção de balas de alfenim, que eram puxadas com garra até ficarem brancas como nuvem de coco e que derretiam na nossa boca. Ah, a minha grande referência é a memória afetiva incrivelmente ligada à gastronomia. Todas essas referências ficam impregnadas no meu DNA! Somos o que comemos. Somos a herança da nossa família, da nossa cultura pessoal.

E foi da mistura da minha avó caiçara com a avó libanesa que fui adentrando o mundo das comidas, aprendendo a experimentar novos sabores, gostando de comer saudável. Na juventude, nos anos 1970, acabei me tornando adepta da cozinha natureba: uma mistura da comida macrobiótica com a antroposófica. A vontade de ficar mais próxima da vida saudável me trouxe para Trancoso no começo dos anos 1980. Recém-formada em arquitetura e com minha filha Morena ainda bebê, comecei a cozinhar informalmente na nossa casa. Mais tarde, em meados de 1982, abri com uma amiga e os nossos então companheiros um pequeno restaurante no Quadrado, a que demos o nome de Bar São Jão.

Servíamos apenas o "prato do dia", feito com o que conseguíamos plantar no nosso quintal e com os peixes que o pescador local nos trazia. Nessa época, não havia luz nem água encanada em Trancoso e tudo era feito com muita criatividade em nosso fogão a lenha. Muito trabalho e alegrias depois, em 1985, inauguramos o Capim Santo, cuja trajetória de mais de três décadas alimenta a alma e o estômago de muitos que por aqui passam! E foi nesse ambiente que Morena cresceu, entre panelas e clientes que viravam amigos. Pessoas do mundo todo, sem distinção de credo ou cor. Já moça e fora de casa, em um intercâmbio em outro país, Morena se interessou pela cozinha, pela ligação dos diferentes povos e suas culturas, e, consequentemente, sua alma curiosa a fez querer estudar gastronomia e seguir os passos de sua família. De colher em colher, de mãe para filha: um dom, um DNA gastronômico!

Receita, ecossistemas do Brasil

A identidade de um povo é mantida e transmitida por meio de seus hábitos alimentares. Os hábitos dos brasileiros nos primeiros anos da nossa história foram formados por três diferentes culturas: indígena, africana e portuguesa. Mas somos um povo receptivo e, com o tempo, sofremos e agregamos muitas influências gastronômicas, como a francesa, a italiana, a alemã, a árabe e a japonesa. Toda essa miscigenação de sabores e hábitos – somados a um solo fértil e rico, dividido em cinco regiões com diferentes biomas – transforma a nossa cozinha em uma referência na gastronomia mundial. E, como a cozinha reflete a cultura de um país, a musicalidade reflete o sentimento e a alegria do povo, o livro *Sons e Sabores* foi construído por dois corações que carregam na veia o DNA da cozinha e da música. Dois baianos, dois criativos, que seguiram a profissão de seus pais: Morena Leite e Moreno Veloso, reunidos aqui em um delicioso sarau gastronômico.

POR
Morena Leite,
baiana-paulista

mar

22	**Churros de tapioca com vatapá de frutos do mar**
24	**Ceviche de aratu**
26	**Mil-folhas de batata-doce com robalo e dueto de kiwi**
28	**Tropeiro com frutos do mar**
30	**Papillote de peixe com farofa de camarão e castanha de licuri**
32	**Moqueca de arraia e maturi acompanhada de farofa de beiju**
34	**Aligot de tapioca com ragu de lagosta**
36	**Brigadeiro de cumaru**

Churros de tapioca com vatapá de frutos do mar

Ingredientes

▶ **Churros:** *1 colher (sopa) de azeite de oliva, 1 dente pequeno de alho picado, ½ cebola picada, sal e pimenta-do-reino a gosto, 2½ colheres (sopa) de leite, 1 xícara (chá) de tapioca granulada, ¼ de xícara (chá) de leite de coco, 2½ colheres (sopa) de queijo Serra da Canastra ralado, óleo para fritar.*

▶ **Vatapá de frutos do mar:** *50 g de carne de cauda de lagosta, 50 g de camarão cinza, 25 g de lula, raspas e suco de 3 limões (taiti, siciliano, cravo), 1 dente de alho picado, ¼ de cebola picada, 1½ colher (sopa) de azeite de oliva, sal a gosto, 1 colher (sopa) de gengibre picado, pimenta-do-reino a gosto, 1 colher (sopa) de pimenta dedo-de-moça sem sementes picada, ¼ de xícara (chá) de pimentão vermelho picado, ¼ de xícara (chá) de pimentão amarelo picado, ½ tomate italiano picado, ¼ de xícara (chá) de leite, ¼ de xícara (chá) de leite de coco, 1 colher (chá) de xerém de amendoim, 1 colher (chá) de xerém de castanha-de-caju, 1 fatia de pão de forma triturada, 1 colher (sobremesa) de azeite de dendê e salsinha picada a gosto.*

Modo de preparo

▶ **Churros:** *em uma frigideira aquecida com azeite, doure o alho, junte a cebola e refogue-a. Tempere com sal e pimenta-do-reino, acrescente o leite e bata então no liquidificador. Hidrate a tapioca com a mistura batida, o leite de coco e deixe descansar por 30 minutos. Adicione o queijo ralado e ajuste o sal e a pimenta-do-reino. Coloque a massa no saco de confeiteiro com o bico pitanga e modele tiras pequenas. Frite em óleo quente até dourar e escorra em papel absorvente.*

▶ **Vatapá de frutos do mar:** *tempere os frutos do mar com as raspas e o suco dos limões. Reserve. Doure o alho e refogue a cebola no azeite. Tempere com sal, gengibre e as pimentas. Acrescente os pimentões e refogue até que amoleçam; junte então os frutos do mar e refogue por apenas 3 minutos. Adicione o tomate, o leite, o leite de coco, o amendoim, a castanha e a farinha de pão. Experimente o sal e bata tudo no liquidificador. Coloque o creme de volta na panela e deixe que reduza até obter a consistência de purê. Finalize com o azeite de dendê e a salsinha. Use o vatapá para servir com os churros.*

Rendimento: *4 porções*
Grau de dificuldade: *difícil*
Tempo de preparo: *1 hora*

9: Ceviche de aratu

Ingredientes

800 g de filé de aratu catado, sal e pimenta-do-reino preta a gosto, ½ pimenta dedo-de-moça sem sementes picada, 1 colher (sopa) de gengibre picado, 2 colheres (sopa) de raiz de capim-santo, raspas e suco de 3 limões (taiti, siciliano, cravo) em partes, 2½ colheres (sopa) de azeite de oliva, 1 cebola roxa, 1 tomate grande em cubos, salsinha picada a gosto e brotos de coentro para decorar (opcional).

Modo de preparo

Certifique-se de que o aratu esteja bem limpo e sem cartilagem. Tempere com sal, as pimentas, gengibre, raiz de capim--santo, metade das raspas e do suco dos limões e o azeite. Deixe marinar por 15 minutos na geladeira. Corte a cebola em cubos pequenos e tempere com a outra metade dos limões (raspas e suco). Retire o aratu da geladeira, junte a cebola temperada, adicione o azeite e, por último, o tomate. Salpique a salsinha e decore com os brotos de coentro.

Sugestão: sirva com sorbet de cajá.

Rendimento: 4 porções
Grau de dificuldade: fácil
Tempo de preparo: 30 minutos

Mil-folhas de batata-doce com robalo e dueto de kiwi

Ingredientes

500 g de batata-doce, sal a gosto, óleo para fritar, 400 g de filé de robalo, raspas e suco de 3 limões (taiti, siciliano, cravo), 1½ colher (sopa) de azeite de oliva, pimenta-do-reino a gosto, 1 colher (sopa) de pimenta dedo-de-moça, 1 colher (sopa) de gengibre, 1 kiwi amarelo, 1 kiwi verde.

Modo de preparo

Corte as batatas-doce em fatias finas no sentido do comprimento, lave-as e coloque-as em um recipiente com pedras de gelo, água e sal. Reserve por 30 minutos. Escorra as lâminas, enxugue e frite em óleo quente. À parte, corte os filés de peixe em lâminas muito finas, marine-os com a raspas e o suco dos limões, azeite, pimentas-do-reino e dedo-de-moça, gengibre e sal. Descasque os kiwis e passe no mandolim no sentido do comprimento na lâmina fina.

Montagem

Intercale a batata-doce, o kiwi amarelo, o peixe e o kiwi verde. Repita o processo três vezes.

Rendimento: 4 porções
Grau de dificuldade: fácil
Tempo de preparo: 30 minutos

Tropeiro com frutos do mar

Ingredientes

⅓ de xícara (chá) de feijão-de-corda, ¼ de xícara (chá) de feijão-vermelho, ¼ de xícara (chá) de feijão-verde, ¼ de xícara (chá) de feijão-preto, sal, 200 g de camarão VM, pimenta-do-reino, raspas e suco dos limões (taiti e siciliano), 1 dente de alho picado, ½ xícara (chá) de azeite, 1 cebola picada, 200 g de polvo pré-cozido e em pedaços, 200 g de anéis de lula, 2 tomates grandes picados e salsinha a gosto.

Modo de preparo

Deixe os feijões de molho na véspera em recipientes separados. Cozinhe-os em água e sal, também separadamente, escorra, despreze o caldo e reserve. Marine os camarões com sal, pimenta-do-reino, raspas e suco dos limões por 10 minutos. Doure o alho no azeite, junte e refogue a cebola. Tempere com sal e pimenta-do-reino. Acrescente o camarão já marinado; a seguir, acrescente o polvo pré-cozido e por último a lula. Tempere novamente com sal e pimenta-do-reino. Junte os feijões cozidos e escorridos e os tomates picados. Finalize com a salsinha. Experimente os temperos e sirva a seguir.

Rendimento: 4 porções
Grau de dificuldade: médio
Tempo de preparo: 2 horas

Papillote de peixe com farofa de camarão e castanha de licuri

Ingredientes

▌ Robalo: *800 g de robalo em postas, sal, 1 limão taiti, 1 limão-siciliano, 1 limão-cravo, pimenta-do-reino a gosto, 1 colher (sopa) de pimenta dedo-de-moça picada, 1 colher (sopa) de gengibre picado, 2 folhas de bananeira, 2 bananas-ouro cortadas na diagonal.*

▌ Farofa de camarão: *300 g de camarão médio sem casca, sal, pimenta-do-reino, ½ pimenta dedo-de-moça picada, 1 colher (sopa) de gengibre picado, ½ xícara (chá) de azeite de dendê, 2 cebolas picadas, 2 tomates picados, 100 g de licuri, salsinha, 2 xícaras (chá) de farinha de mandioca.*

Modo de preparo

▌ Robalo: *tempere as postas com sal, limão, pimenta-do-reino, pimenta dedo-de-moça e gengibre. Reserve.*

▌ Farofa de camarão: *tempere os camarões com sal, as pimentas e o gengibre. Em uma frigideira, aqueça o azeite de dendê e refogue a cebola; coloque os camarões e deixe cozinhar alguns minutos. Acrescente os tomates, o licuri, a salsinha e, aos poucos, a farinha de mandioca. Acerte o sal e a pimenta-do-reino.*

Montagem

Corte as folhas de bananeira ao meio e escalde em água fervente. Disponha as postas sobre elas, enrole e leve para assar em forno aquecido por 30 minutos a 180 ºC. Corte as bananas-ouro na diagonal, leve-as para grelhar e disponha sobre o papillote. Sirva em seguida, acompanhado da farofa.

Rendimento: *4 porções*
Grau de dificuldade: *médio*
Tempo de preparo: *2 horas*

Moqueca de arraia e maturi acompanhada de farofa de beiju

Ingredientes

800 g de filé de arraia limpa, sal e pimenta-do-reino a gosto, ½ pimenta dedo-de-moça sem sementes picada, raspas e suco de 3 limões (taiti, siciliano, cravo), 2 dentes de alho picados, 2½ colheres (sopa) de azeite de oliva, 1 cebola picada, ¼ de xícara (chá) de pimentão vermelho em cubos, ¼ de xícara (chá) de pimentão amarelo em cubos, 1½ xícara (chá) de leite de coco, 3 tomates picados, 1 colher (sopa) de azeite de dendê, 40 g de maturi e salsinha picada a gosto.

❱ **Farofa de beiju:** 200 g de barquinhas de tapioca, 1 colher (sopa) de manteiga com sal, ½ xícara (chá) de queijo parmesão ralado.

Modo de preparo

Tempere a arraia com sal, pimenta-do-reino, pimenta dedo-de-moça, raspas e suco dos limões. Doure o alho no azeite, junte e refogue a cebola. Acrescente os pimentões, refogue por mais 2 minutos. Junte então a arraia, o leite de coco e cozinhe por 5 minutos. Acrescente o tomate, adicione o azeite de dendê e finalize com o maturi e a salsinha picada.

❱ **Farofa de beiju:** disponha as barquinhas de tapioca em uma assadeira, coloque por cima o azeite e o parmesão. Leve ao forno para dar uma leve dourada. Bata no processador e sirva com a moqueca.

Rendimento: 4 porções
Grau de dificuldade: médio
Tempo de preparo: 1 hora

Aligot de tapioca com ragu de lagosta

Ingredientes

▶ Aligot: 2 dentes de alho picados, 1½ colher (sopa) de azeite de oliva, 1 cebola picada, sal e pimenta-do-reino a gosto, 2½ xícaras (chá) de leite, ⅔ de xícara (chá) de tapioca granulada, 1⅓ xícara (chá) de queijo Serra da Canastra ralado.

▶ Ragu de lagosta: 800 g de cauda de lagosta (4 caudas médias), 2½ colheres (sopa) de azeite de oliva, sal e pimenta-do-reino a gosto, 1 colher (sobremesa) de pimenta dedo-de-moça sem sementes picada, 1 colher (sobremesa) de gengibre, raspas e suco de 3 limões (taiti, siciliano, cravo), 1 dente de alho picado, 1 cebola picada, 1½ colher (sopa) de cachaça, 3 tomates picados.

Modo de preparo

▶ Aligot: doure o alho no azeite, refogue a cebola, tempere com sal e pimenta-do-reino. Adicione o leite e acrescente aos poucos a tapioca, mexendo sempre até a mistura ficar com a textura de um mingau. Bata no liquidificador. Coloque a mistura de volta na panela e acrescente o queijo. Verifique o sal e reserve.

▶ Ragu de lagosta: limpe as caudas das lagostas, tirando a casca e deixando apenas a parte traseira. Tempere-as com azeite, sal, pimenta-do-reino, pimenta dedo-de-moça, gengibre, raspas e suco dos limões. Corte as quatro caudas ao meio, grelhe-as e reserve. Corte as outras quatro metades em cubos. Doure o alho no azeite, junte a cebola e refogue. Tempere com sal e pimenta-do-reino, acrescente a lagosta em cubos, sele-a e adicione a cachaça. Deixe evaporar o álcool por alguns minutos, então junte os tomates picados. Deixe reduzir. Confira novamente o sal e sirva dentro das caudas das lagostas e com o aligot de tapioca.

Rendimento: 4 porções
Grau de dificuldade: médio
Tempo de preparo: 1 hora

Brigadeiro de cumaru

Ingredientes

1 colher (café) de cumaru ralado, 1 xícara (chá) de leite, ¼ de xícara (chá) de creme de leite, 395 g de leite condensado (1 lata).

Modo de preparo

Em uma panela, coloque todos os ingredientes e leve ao fogo baixo, mexendo sem parar até soltar do fundo da panela.

Rendimento: 4 porções
Grau de dificuldade: fácil
Tempo de preparo: 40 minutos

montanha

42	**Coxinha de batata-doce com faisão**
44	**Suflê de pinhão**
46	**Ravióli de abóbora recheado com queijo Serra da Canastra e cebolas caramelizadas**
48	**Tilápia marinada com beterraba e creme de taioba**
50	**Costela com canjiquinha e chips de couve**
52	**Mignon de cordeiro com rendas de mandioquinha e mexido de arroz com feijão e ovo**
54	**Petit gâteau de goiabada**
56	**Fondue de capim-santo com abacaxi**

Coxinha de batata-doce com faisão

Ingredientes

Massa: 200 g de batata-doce, sal e pimenta-do-reino a gosto, farinha de trigo, se necessário.

Recheio: 1 dente de alho picado, 1 colher (sopa) de azeite de oliva, ½ cebola pequena picada, 100 g de peito de faisão, ½ xícara (chá) de cenoura picada, ⅓ de xícara (chá) de salsão picado, ½ xícara (chá) de alho-poró picado, água morna, ⅓ de xícara (chá) de creme de leite fresco, 2 colheres (sopa) de farinha de trigo, sal e pimenta-do-reino a gosto, 1 ovo, ½ xícara (chá) de farinha de rosca para empanar e óleo para fritar.

Modo de preparo

Massa: embrulhe a batata-doce com casca em papel-alumínio e asse-a no forno até ficar macia. Em seguida, descasque-a e amasse ainda quente, passe pela peneira para retirar as fibras. Adicione sal e pimenta-do-reino e misture bem até obter uma massa homogênea. Caso fique muito mole, adicione um pouco de farinha.

Recheio: doure o alho no azeite, junte a cebola e refogue-a. Acrescente o faisão, a cenoura, o salsão, o alho-poró e mexa bem. Adicione água morna até cobrir e cozinhe por 1 hora. Retire a carne, desfie e reserve. Bata no liquidificador o caldo reservado, coloque-o de volta na panela, acrescente o creme de leite e deixe reduzir. Junte a farinha de trigo, mexa bem e acrescente o faisão desfiado. Tempere com sal e pimenta-do-reino.

Montagem

Modele a coxinha na palma da mão, adicione o recheio e feche. Passe no ovo batido e depois na farinha de rosca. Aqueça bem o óleo, frite e escorra.

Rendimento: 4 porções
Grau de dificuldade: médio
Tempo de preparo: 2 horas

Suflê de pinhão

Ingredientes

Manteiga e farinha de trigo, para untar, 1 dente de alho picado, 1 colher (sopa) de azeite, ¼ de cebola picada, 250 g de pinhão cozido e passado no espremedor, sal e pimenta-do-reino a gosto, ½ xícara (chá) de leite, 2 ovos caipiras (gemas e claras separadas), 2 colheres (sopa) de farinha de trigo, ⅓ de xícara (chá) de queijo parmesão ralado.

Modo de preparo

Unte quatro ramequins com manteiga e farinha de trigo. Leve à geladeira por 10 minutos e polvilhe farinha novamente. Doure o alho no azeite, junte e refogue a cebola. Acrescente o purê de pinhão e tempere com sal e pimenta-do-reino. Adicione o leite, as gemas e a farinha de trigo. Retire do forno, bata a mistura no liquidificador e coloque de volta no fogo até engrossar. Deixe esfriar, acrescente o parmesão ralado e as claras em neve, mexendo delicadamente para que não percam volume. Disponha a massa nos ramequins untados e leve ao forno médio de 170 ºC a 190 ºC por cerca de 20 minutos.

Sirva imediatamente.

Rendimento: 4 porções
Grau de dificuldade: médio
Tempo de preparo: 40 minutos

Ravióli de abóbora recheado com queijo Serra da Canastra e cebolas caramelizadas

Ingredientes

½ abóbora japonesa sem casca e sem sementes, 1 ovo caipira, 1 xícara (chá) de farinha de trigo, 1 xícara (chá) de farinha de semolina, sal e pimenta-do-reino a gosto, 1 pitada de noz-moscada, ¾ de xícara (chá) de queijo Serra da Canastra, 1 cebola branca em fatias finas, 2 colheres (sopa) de azeite de oliva, 1 colher (sopa) de açúcar, ¼ de xícara (chá) de sementes de abóbora torradas, raspas de 1 limão-cravo e 4 flores de abóbora higienizadas.

Modo de preparo

▶ **Ravióli:** embrulhe a abóbora em papel-alumínio e asse-a até ficar macia. Retire do forno e amasse até formar um purê. Acrescente o ovo, as farinhas, o sal, a pimenta-do-reino e a noz-moscada. Transfira a massa para uma superfície enfarinhada e sove até desgrudar das mãos; em seguida, passe-a pelo cilindro, polvilhando com farinha para não grudar. Abra a massa até a espessura aproximada de 2 mm. Coloque 10 g de queijo Serra da Canastra ao longo da massa. Cubra o queijo com a própria massa e, com a ajuda de um aro de aproximadamente 6 cm de diâmetro, corte os ravióis. Cozinhe-os rapidamente em água fervente, coloque em um escorredor e reserve.

▶ **Cebola caramelizada:** caramelize as cebolas no azeite, polvilhe o açúcar, e tempere com sal e pimenta-do-reino. Finalize com as sementes de abóbora e raspas de limão-cravo.

Decore com uma flor de abóbora.

Rendimento: 4 porções
Grau de dificuldade: médio
Tempo de preparo: 2 horas

Tilápia marinada com beterraba e creme de taioba

Ingredientes

▶ **Tilápia marinada com beterraba:** *1 beterraba, 4 filés de tilápia, sal e pimenta-do-reino a gosto, ½ pimenta dedo-de-moça sem sementes picada, raspas e suco de 3 limões (taiti, siciliano, cravo), 1 colher (sopa) de azeite de oliva.*

▶ **Creme de taioba:** *1 folha grande de taioba lavada, 2 dentes de alho picados, 1½ colher (sopa) de azeite de oliva, ½ cebola picada, ¼ de um maço de espinafre, 2½ xícaras (chá) de creme de leite fresco, sal e pimenta-do-reino a gosto.*

Modo de preparo

▶ **Tilápia:** *prepare o suco de beterraba em uma centrífuga. Caso não tenha uma, use um liquidificador e coe. Tempere os filés com sal, as pimentas, raspas e suco dos limões, em seguida adicione o suco de beterraba e deixe marinando por meia hora. Aqueça uma frigideira com um fio de azeite e grelhe o filé de tilápia.*

▶ **Creme de taioba:** *mergulhe rapidamente a taioba em água fervente, retire e mergulhe imediatamente em um recipiente com água e gelo. Doure o alho no azeite, junte e refogue a cebola. Acrescente a taioba e o espinafre, junte o creme de leite e cozinhe por 3 minutos. Tempere com sal e pimenta-do-reino, bata no liquidificador e coloque de volta no fogo para engrossar. Sirva como acompanhamento do peixe.*

Rendimento: *4 porções*
Grau de dificuldade: *médio*
Tempo de preparo: *1 hora*

Costela com canjiquinha e chips de couve

Ingredientes

▶ **Costela desfiada:** *3 dentes de alho picados, 2 colheres (sopa) de azeite de oliva, 1 cebola picada, ½ talo de alho-poró, ½ cenoura, ½ talo de salsão picado, 1 kg de costela bovina, sal e pimenta a gosto, ¼ de xícara (chá) de melado de cana, 2 colheres (sopa) de creme de cebola, ⅓ de xícara (chá) de molho de soja, 2 colheres (sopa) de molho inglês, 1 litro de água filtrada, sálvia, alecrim, tomilho a gosto, ⅓ de xícara (chá) de polvilho doce.*

▶ **Canjiquinha:** *1 dente de alho, 1 colher (sopa) de azeite de oliva, 1 cebola picada, sal e pimenta-do-reino a gosto, 1 xícara (chá) de milho fresco, 2 xícaras (chá) de leite, ⅔ de xícara (chá) de quirela, ⅓ de xícara (chá) de queijo parmesão ralado, ¼ de xícara (chá) de queijo cremoso.*

▶ **Chips de couve:** *1 maço de couve-manteiga e azeite para fritar.*

Modo de preparo

▶ **Costela desfiada:** *doure o alho no azeite, junte e refogue a cebola, o alho-poró, a cenoura e o salsão. Acrescente a costela e tempere com sal e pimenta. Caramelize a carne com o melado de cana, em seguida junte o creme de cebola, o molho de soja e o molho inglês e cubra com água. Adicione o bouquet garni de ervas. Deixe a carne cozinhar por 2 horas. Retire a carne do caldo, desfie-a e reserve. Peneire o molho e adicione o polvilho doce para engrossá-lo. Coloque então a carne desfiada de volta nesse molho e deixe cozinhar por mais 1 hora.*

▶ **Canjiquinha:** *doure o alho no azeite, junte e refogue a cebola. Tempere com sal e pimenta-do-reino. Acrescente o milho e depois o leite. Bata no liquidificador e adicione aos poucos a quirela. Tempere novamente com sal e pimenta-do-reino. Deixe reduzir e engrossar até ficar na consistência de mingau. Finalize com os queijos.*

▶ **Chips de couve:** *corte a couve em tiras bem finas e frite rapidamente.*

Rendimento: *4 porções*
Grau de dificuldade: *médio*
Tempo de preparo: *3 horas*

Mignon de cordeiro com rendas de mandioquinha e mexido de arroz com feijão e ovo

Ingredientes

❱ **Mignon de cordeiro:** *400 g de mandioquinha, 430 g de mignon de cordeiro, sal e pimenta-do-reino a gosto, 2½ xícaras (chá) de azeite.*

❱ **Mexido de arroz com feijão e ovo:** *1 dente de alho picado, 1 colher (sopa) de azeite de oliva, 1 cebola, 2 ovos caipiras, sal e pimenta-do-reino a gosto, 1 xícara (chá) de arroz branco cozido, 1 xícara (chá) de feijão-fradinho, salsinha picada a gosto.*

Modo de preparo

❱ **Mignon de cordeiro:** *passe a mandioquinha no utensílio de fazer fios (espaguete) de legumes e reserve. Tempere o mignon de cordeiro com sal e pimenta-do-reino e enrole-o nos fios de mandioquinha. Frite no azeite e finalize no forno.*

❱ **Mexido de arroz com feijão e ovo:** *doure o alho no azeite, junte e refogue a cebola. Acrescente os ovos, tempere com sal e pimenta-do-reino. Junte o arroz e o feijão já cozidos. Finalize com a salsinha.*

Rendimento: *4 porções*
Grau de dificuldade: *médio*
Tempo de preparo: *1 hora*

Petit gâteau de goiabada

Ingredientes

⅓ de xícara (chá) de manteiga derretida sem sal, ¼ de xícara (chá) de farinha de trigo, 1 xícara (chá) de goiabada cremosa, 2 claras, 3 gemas peneiradas.

Modo de preparo

Preaqueça o forno a 180 °C. Unte as forminhas com manteiga e polvilhe farinha. Leve à geladeira por uns 10 minutos, retire e polvilhe farinha novamente. Reserve. Bata a goiabada no liquidificador até virar uma pasta, despeje em uma tigela e então adicione a manteiga derretida. Mexa bem, incorpore os ovos e, na sequência, as gemas peneiradas. Por último, acrescente a farinha de trigo. Disponha a massa nas forminhas untadas e leve ao forno por aproximadamente 5 a 8 minutos.

Rendimento: 4 porções
Grau de dificuldade: fácil
Tempo de preparo: 30 minutos

Fondue de capim-santo com abacaxi

Ingredientes

▶ **Fondue:** 4 folhas de capim-santo, ½ xícara (chá) de leite, 300 g de chocolate branco, raspas de 1 limão-siciliano, 1 abacaxi médio sem o miolo, cortado em cubos médios.

Modo de preparo

▶ **Concentrado:** bata no liquidificador o capim-santo com leite, até a mistura atingir a cor verde-escuro. Coe e reserve.

▶ **Fondue:** no banho-maria, derreta o chocolate branco e acrescente o suco de capim-santo e as raspas do limão. Transfira para uma panela de fondue e mergulhe os cubos de abacaxi.

Sirva quente.

Rendimento: 4 porções
Grau de dificuldade: fácil
Tempo de preparo: 30 minutos

floresta

62	Canudinho de pato
64	Pastel de palmito pupunha com gema mole
66	Blinis de tapioca com surubim defumado
68	Nhoque de mandioquinha com brie e mel
70	Pirarucu em cama de legumes
72	Tucunaré com purê de pupunha e farofa de tapioca
74	Medalhão de búfalo com queijo coalho e ratatouille brasileiro
76	Timbale com chocolate de cupuaçu, crocante de castanha

Canudinho de pato

Ingredientes

▶ **Canudinho de pato:** 4 coxas de pato limpas, 1 xícara (chá) de azeite de oliva, 1 colher (sopa) de sal grosso, pimenta do-reino a gosto, alecrim, tomilho e manjericão, 2 dentes de alho picados, ½ cebola picada, 1 colher (sopa) de pimenta dedo-de-moça sem sementes picada, 3 a 4 folhas de massa para harumaki (dependendo do tamanho da folha), salsinha picada a gosto.

▶ **Molho de pitanga:** ¼ de xícara (chá) de polpa de pitanga, 1 colher (sopa) de açúcar, 1 anis-estrelado, 1 rama de canela em pau, 1 colher (sobremesa) de vinho branco, tomilho a gosto, 1 colher (chá) de vinagre branco, gengibre, pimenta dedo-de-moça e sal a gosto.

Modo de preparo

▶ **Recheio:** cozinhe em baixa temperatura as coxas do pato, submersas no azeite, com sal grosso, pimenta-do-reino e as ervas. Assim que estiverem cozidas, desfie-as. Doure o alho em uma colher do azeite em que foram confitadas as coxas, refogue a cebola e tempere com sal, pimenta-do-reino e pimenta dedo-de-moça. Junte então a carne desfiada, acerte o sal e adicione pimenta-do-reino, pimenta dedo-de-moça e salsinha.

▶ **Molho de pitanga:** misture a polpa de pitanga, o açúcar, o anis e a canela em pau, cozinhe até reduzir. Adicione o vinho e, em seguida, o tomilho, vinagre, gengibre e a pimenta dedo-de-moça. Verifique o sal e deixe cozinhar até adquirir a consistência de chutney.

▶ **Canudinho:** corte cada folha de harumaki em quatro. Molhe com água as laterais, coloque uma pequena porção de recheio e enrole no formato de um canudo. Asse no forno por aproximadamente 10 minutos a 180 °C.

Rendimento: 4 porções
Grau de dificuldade: fácil
Tempo de preparo: 40 minutos

Pastel de palmito pupunha com gema mole

Ingredientes

1 dente de alho picado, 3 colheres (sopa) azeite de oliva, ½ cebola picada, sal e pimenta-do-reino preta a gosto, 2 xícaras (chá) de palmito pupunha picado, ¼ de xícara (chá) requeijão cremoso, ½ xícara (chá) de leite, 1 fatia de pão de fôrma sem casca, triturada no liquidificador, 1 pitada de salsinha, 1 pitada de manjericão, 200 g de massa de pastel, 4 gemas de ovos caipiras, óleo para fritar.

Modo de preparo

▶ **Recheio de palmito pupunha:** doure o alho no azeite, junte e refogue a cebola. Tempere com sal e pimenta-do-reino a gosto. Adicione o palmito, o requeijão e o leite, cozinhe por 2 minutos. Quando o palmito estiver al dente, acrescente a farinha de pão e mexa bem. Depois que a massa desgrudar da panela, desligue e finalize com a salsinha e o manjericão.

Montagem

Com a ajuda de um cortador, faça dois discos de massa de pastel. No centro do primeiro disco, coloque a massa de palmito e modele em forma de vulcão, para que possa receber a gema dentro. Com o segundo disco da massa, feche o pastel e lacre-o com a ajuda de um garfo. Frite com o lado da gema para cima, no óleo quente.

Rendimento: 4 porções
Grau de dificuldade: médio
Tempo de preparo: 45 minutos

Blinis de tapioca com surubim defumado

Ingredientes

80 g de surubim defumado, ¼ de xícara (chá) de coalhada seca, raspas e suco de 1 limão-siciliano, 1 colher (sobremesa) de azeite e broto de beterraba para finalizar.

▶ **Blinis:** 1 dente de alho picado, 1 colher (sopa) de azeite de oliva, ½ cebola picada, sal e pimenta-do-reino a gosto, ¼ de xícara (chá) de leite, ⅓ de xícara (chá) de leite de coco, ½ xícara (chá) de tapioca granulada, ⅓ de xícara (chá) de coco fresco ralado, 3 colheres (sopa) de queijo Serra da Canastra.

▶ **Vinagrete de abacaxi:** ½ cebola roxa picada, 1 limão-taiti, 1 limão-siciliano, 1 limão-cravo, 1 xícara (chá) de abacaxi sem o miolo, picado, 1 colher (sopa) de gengibre, 1 colher (sopa) de pimenta dedo-de-moça, 1 colher (sopa) de hortelã, sal e pimenta-do-reino a gosto.

Modo de preparo

Marine o surubim com o azeite, os sucos e raspas dos limões, sal e pimenta-do-reino a gosto.

▶ **Blinis:** doure o alho no azeite, junte a cebola e refogue. Tempere com sal e pimenta-do-reino, acrescente o leite e o leite de coco e bata no liquidificador. Hidrate a tapioca com essa mistura e deixe descansar por 30 minutos. Em seguida, adicione o coco ralado, o queijo Serra da Canastra e acerte o sal e a pimenta-do-reino. Divida a massa em quatro e modele-a com um aro de 3 cm de altura. Doure os blinis no azeite em uma frigideira antiaderente bem quente.

▶ **Vinagrete:** comece marinando a cebola com os sucos dos limões e reserve. Junte o abacaxi, o gengibre, a pimenta dedo-de-moça e a hortelã. Tempere com sal e pimenta-do-reino.

Montagem

Faça uma cama de broto de beterraba, coloque os blinis no centro, acrescente por cima um montinho de coalhada e adicione duas colheres do vinagrete de abacaxi. Por último, enrole o surubim e, delicadamente, apoie por cima.

Rendimento: 4 porções
Grau de dificuldade: fácil
Tempo de preparo: 30 minutos

Nhoque de mandioquinha com brie e mel

Ingredientes

▶ **Nhoque de mandioquinha:** *1 kg de mandioquinha, sal e pimenta- do-reino a gosto, ¾ de xícara (chá) de farinha de trigo peneirada, ¾ de xícara (chá) de semolina, 1½ xícara (chá) de parmesão, 1 gema, noz-moscada a gosto, sal a gosto, 200 g de brie sem casca, 3 colheres (sopa) de mel.*

▶ **Molho de sálvia:** *3 dentes de alho picados, 2 colheres (sopa) de azeite, 1 cebola, sal e pimenta-do-reino a gosto, ½ maço de sálvia, 3½ colheres (sopa) de mel, 2 xícaras (chá) de creme de leite fresco.*

Modo de preparo

Asse as mandioquinhas com casca, embrulhadas no papel-alumínio, por 1 hora ou até que estejam macias. Descasque-as ainda quentes e passe pelo espremedor ou pela peneira. Tempere com sal e pimenta-do-reino. Espere que esfrie e então acrescente a farinha e a semolina peneiradas, o parmesão e a gema. Junte a noz-moscada. Misture bem, formando uma massa homogênea. Divida em pequenas porções.

▶ **Para o recheio:** *amasse com um garfo o brie e o mel, recheie os nhoques, formate-os em bolas achatadas e, em seguida, cozinhe em água fervente com sal. Retire com uma escumadeira os nhoques que forem subindo à superfície e, imediatamente, passe em água corrente para interromper o cozimento. Reserve.*

▶ **Para o molho:** *doure o alho no azeite, junte a cebola e refogue. Tempere com sal e pimenta-do-reino. Acrescente as folhas de sálvia e, assim que murcharem, junte o mel. Adicione o creme de leite e deixe reduzir em fogo médio até que o molho fique espesso. Junte o nhoque ao molho para aquecê-lo e sirva com folhas de sálvia fresca para decorar.*

Rendimento: *4 porções*
Grau de dificuldade: *médio*
Tempo de preparo: *2 horas*

Pirarucu em cama de legumes

Ingredientes

800 g de posta de pirarucu, sal e pimenta-do-reino, pimenta dedo-de-moça picada a gosto, gengibre picado, raspas e suco de 3 limões (taiti, siciliano, cravo), 4 dentes grandes de alho, 2 colheres (sopa) de azeite de oliva, 1 cebola grande em julienne, 1 pimentão vermelho em julienne, 1 pimentão amarelo em julienne, 1¼ de xícara (chá) de leite de castanha-do-pará, 2 tomates picados, 1 colher (sobremesa) de azeite de dendê, salsinha picada a gosto.

Modo de preparo

Tempere o pirarucu com sal, pimenta-do-reino, pimenta dedo-de-moça, gengibre, as raspas e o suco dos limões. Aqueça um fio de azeite em uma frigideira e sele as postas de pirarucu aos poucos, para que não cozinhem no próprio líquido. Reserve. Doure o alho no azeite, junte a cebola,os pimentões e refogue. Acrescente o pirarucu e o leite de castanha-do-pará e cozinhe por 10 minutos. Junte o tomate e deixe cozinhar por mais 5 minutos. Adicione o azeite de dendê, ajuste o tempero e finalize com a salsinha picada.

Rendimento: 4 porções
Grau de dificuldade: médio
Tempo de preparo: 30 minutos

Tucunaré com purê de pupunha e farofa de tapioca

Ingredientes

▶ **Tucunaré:** *800 g de filé de tucunaré, raspas e suco de 3 limões (taiti, siciliano, cravo), sal e pimenta-do-reino a gosto, 1¼ de xícara (chá) de azeite de oliva.*
▶ **Purê de pupunha:** *400 g de pupunha cozido, 1½ colher (sopa) de azeite de castanha-do-pará, 1 colher (sopa) de licor de jambu, sal e pimenta-do-reino a gosto.*
▶ **Banana grelhada:** *200 g de banana-da-terra com casca.*
▶ **Farofa de tapioca:** *¾ de xícara (chá) de flocos de tapioca, 2 colheres (sopa) de azeite de castanha-do-pará, sal e pimenta-do-reino a gosto.*
▶ **Redução de tucupi:** *1 xícara (chá) de caldo de tucupi, sal e pimenta-do-reino a gosto.*

Modo de preparo

▶ **Tucunaré:** *marine o peixe com as raspas e o suco dos limões, sal e pimenta-do-reino. Reserve por 30 minutos no mínimo. Frite os filés de tucunaré, submersos no azeite.*
▶ **Purê de pupunha:** *cozinhe a fruta do pupunha, tire a semente e bata no liquidificador. Junte o azeite de castanha e o licor de jambu. Tempere com sal e pimenta-do-reino.*
▶ **Banana grelhada:** *cozinhe a banana com casca e, assim que estiver macia, grelhe-a.*
▶ **Farofa de tapioca:** *leve a tapioca com o azeite ao fogo e doure levemente, tempere com sal e pimenta-do-reino.*
▶ **Redução de tucupi:** *reduza o tucupi e tempere com sal e pimenta-do-reino, se necessário.*

Montagem

Coloque no centro do prato a farofa de tapioca, e na sequência a banana, o peixe e por último uma camada do purê. Dobre com cuidado a parte traseira do filé sobre o purê de pupunha.

Rendimento: 4 porções
Grau de dificuldade: médio
Tempo de preparo: 40 minutos

Medalhão de búfalo com queijo coalho e ratatouille brasileiro

Ingredientes

❱ **Ratatouille brasileiro:** *1 xícara (chá) de mandioquinha em cubos, 1 xícara (chá) de chuchu em cubos, 1 xícara (chá) de palmito em cubos, 2 dentes de alho picados, 2 colheres (chá) de azeite de oliva, 1 cebola roxa pequena em cubos, sal e pimenta-do-reino a gosto, 1 xícara (chá) de abóbora em cubos, salsinha picada a gosto.*

❱ **Medalhão de búfalo:** *4 medalhões de filé-mignon de búfalo, sal e pimenta-do-reino a gosto, ½ xícara (chá) de azeite de oliva, 120 g de queijo coalho de búfala em fatias.*

Modo de preparo

❱ **Ratatouille brasileiro:** *em água fervente, pré-cozinhe os legumes, menos a abóbora. Escorra e passe imediatamente em água corrente para interromper o cozimento. Reserve. Doure o alho e refogue a cebola roxa no azeite; tempere com sal e pimenta-do-reino. Acrescente a mandioquinha, mexa e, em seguida, adicione a abóbora e refogue por 3 minutos. Coloque o chuchu, refogue um pouco e, por último, junte o palmito. Quando todos os legumes estiverem al dente, desligue e finalize com a salsinha.*

❱ **Medalhão de búfalo:** *grelhe o medalhão com sal e pimenta-do-reino. Grelhe a fatia de queijo e disponha sobre a carne.*

Rendimento: *4 porções*
Grau de dificuldade: *fácil*
Tempo de preparo: *30 minutos*

Timbale com chocolate de cupuaçu, crocante de castanha

Ingredientes

▶ **Crocante de castanha:** 2 colheres (sopa) de açúcar, 1 colher (sopa) de açúcar mascavo, 4 colheres (sopa) de manteiga gelada em cubos, ¾ de xícara (chá) de farinha de trigo, 10 castanhas-do-pará grandes picadas grosseiramente (reserve 2 para cortar em lâminas).

▶ **Creme de chocolate de cupuaçu:** ⅓ de xícara (chá) de leite, ½ xícara (chá) de leite condensado, 2 gemas (peneiradas), 1½ colher (sopa) de amido de milho, 100 g de chocolate de cupuaçu (cupulate).

Modo de preparo

▶ **Crocante de castanha:** em uma tigela, misture com a ponta dos dedos o açúcar refinado, o mascavo e a manteiga em cubos. Junte a farinha e as castanhas. Preaqueça o forno a 160 °C e leve para assar até que fique dourada, por cerca de 10 a 13 minutos. Reserve.

▶ **Creme de chocolate de cupuaçu:** em uma panela, misture o leite, o leite condensado e as gemas. Acrescente o amido de milho e leve ao fogo médio até engrossar. Desligue o fogo e acrescente o chocolate, mexendo vigorosamente até formar um creme liso e brilhante.

Montagem

Com a ajuda de um aro untado, disponha o crocante de castanha, o creme de chocolate de cupuaçu e, por cima, as lascas de castanha-do-pará. Reserve na geladeira até o doce firmar.

Sugestão: sirva com sorbet de açaí.

Rendimento: 4 porções
Grau de dificuldade: fácil
Tempo de preparo: 40 minutos

cerrado

82	Croquete de palmito pupunha com dip de limão-cravo
84	Salada de trigo com castanhas brasileiras
86	Nhoque de batata-doce roxa com molho de limão-cravo
88	Arroz com frango e pequi
90	Pintado na brasa com creme de milho
92	Mignon de leitoa com pirão de leite e mangalô
94	Pudim de milho
96	Churros com creme de jaca

Croquete de palmito pupunha com dip de limão-cravo

Ingredientes

▶ **Dip de limão:** 1 dente de alho picado, 1 colher (sopa) de azeite de oliva, ¼ de cebola, sal e pimenta-do-reino a gosto, ½ xícara (chá) de creme de leite fresco, raspas e suco de 3 limões (taiti, siciliano, cravo).

▶ **Croquete de palmito:** 1 dente pequeno de alho picado, 1 colher (sopa) de azeite de oliva, ½ cebola picada, 1 xícara (chá) de palmito pupunha fresco, 2 colheres (sopa) de leite, 1½ colher (sopa) de creme de leite fresco, 2 colheres (sopa) de requeijão cremoso, salsinha e manjericão a gosto, sal e pimenta-do-reino a gosto, 2 fatias de pão de fôrma sem casca, 2 ovos, 2 xícaras (chá) de farinha panko, óleo para fritar.

Modo de preparo

▶ **Dip de limão:** doure o alho no azeite, junte e refogue a cebola. Tempere com sal e pimenta-do-reino. Acrescente o creme de leite e as raspas e o suco dos limões. Deixe reduzir e acerte o sal.

▶ **Croquete de palmito:** passe as fatias de pão pelo liquidificador até formar uma farofa e reserve. Doure o alho no azeite, junte e refogue a cebola e adicione o palmito. Misture o leite, o creme de leite e deixe cozinhar por 10 minutos ou até que o palmito esteja macio. Adicione o requeijão, a salsinha e o manjericão. Tempere com sal e pimenta-do-reino. Junte a farinha de pão de fôrma aos poucos, dando ponto na massa. Modele o croquete, passe no ovo e depois na farinha panko. Frite em óleo bem quente e escorra em papel-toalha.

Rendimento: 4 porções
Grau de dificuldade: fácil
Tempo de preparo: 45 minutos

Salada de trigo com castanhas brasileiras

Ingredientes

1½ xícara (chá) de trigo grosso, 2 xícaras (chá) de água morna, 1 cebola roxa picada, 2 limões-cravo (raspas e suco), 4 castanhas-de-caju picadas, 2 castanhas-do-pará picadas, 4 castanhas-de-baru picadas, 1 colher (sopa) de amendoim picado, 1 pitada de cominho, 1 colher (sopa) de extrato de tomate, 1½ colher (sopa) de polpa de tamarindo, salsinha picada a gosto, 1 pimenta dedo-de-moça sem sementes, ¾ de xícara (chá) de geleia de uvaia em partes, 2½ colheres (sopa) de azeite de oliva, sal e pimenta-do-reino a gosto.

Modo de preparo

Hidrate o trigo em água morna. Marine as cebolas com as raspas e o suco dos limões por 10 minutos. Misture ao trigo hidratado a cebola marinada, as castanhas cortadas grosseiramente e o amendoim. Mexa e, em seguida, junte o cominho, o extrato de tomate, a polpa de tamarindo, a salsinha, a pimenta dedo-de-moça e metade da geleia de uvaia. Tempere com sal, pimenta-do-reino e azeite. Sirva com o restante da geleia de uvaia.

Rendimento: 4 porções
Grau de dificuldade: fácil
Tempo de preparo: 1 hora

Nhoque de batata-doce roxa com molho de limão-cravo

Ingredientes

▶ **Nhoque:** *1 kg de batata-doce roxa, 2 xícaras (chá) de queijo parmesão, ¾ de xícara (chá) de polvilho doce, sal a gosto, 1 pitada de noz-moscada em pó.*

▶ **Molho de limão:** *¼ de uma cebola pequena picada, ¼ de xícara (chá) de azeite de oliva, raspas e suco de 3 limões (taiti, siciliano, cravo), ⅓ de xícara (chá) de creme de leite fresco, sal e pimenta-do-reino a gosto.*

▶ **Decoração:** *¼ de xícara (chá) de sementes de abóbora torradas.*

Modo de preparo

▶ **Nhoque:** *asse a batata-doce roxa no filme de poliéster e papel-alumínio a 180 °C até ficar macia. Deixe esfriar, descasque e rale no ralador fino. Misture o parmesão ralado e o polvilho doce. Tempere com sal e noz-moscada. Molde e pré-cozinhe em água fervente. Reserve.*

▶ **Molho de limão:** *refogue a cebola no azeite. Acrescente as raspas dos limões, o creme de leite e, por último, o suco dos limões. Tempere com sal e pimenta-do-reino. Decore com as sementes de abóbora torradas.*

Rendimento: 4 porções
Grau de dificuldade: fácil
Tempo de preparo: 1 hora

Arroz com frango e pequi

Ingredientes

4 coxinhas de asa, 1½ colher (sopa) de azeite de oliva, 1 dente médio de alho, ½ cebola cortada em cubos, 600 g de peito de frango, 1 colher (sopa) de pasta de pequi, sal e pimenta-do-reino a gosto, 1½ xícara (chá) de arroz branco, 1 litro de água fervente, 1 xícara (chá) de milho-verde, ¼ de xícara (chá) de azeitonas verdes sem caroço picadas, salsinha a gosto, 2 pequis cortados ao meio.

Modo de preparo

Sele as coxinhas da asa no azeite até ficarem douradas. Junte e doure o alho e a cebola, tempere com sal e pimenta e vá pingando água aos pouquinhos. Assim que cozinharem, retire e reserve. Na mesma panela, incorpore o peito de frango e a pasta de pequi e refogue por 2 minutos. Tempere com sal e pimenta-do-reino a gosto. Adicione o arroz, acrescente a água fervente e deixe cozinhar por 20 minutos com a panela semitampada e em fogo baixo. Desfie o peito de frango e finalize com milho, azeitonas e salsinha. Decore com as coxinhas da asa e o pequi.

Rendimento: 4 porções
Grau de dificuldade: fácil
Tempo de preparo: 40 minutos

Pintado na brasa com creme de milho

Ingredientes

▶ **Pintado:** *800 g de pintado em postas, 100 g de batatas-bolinha pré-cozidas, raspas de 2 limões-taiti, 1 xícara (chá) de leite de coco, 1 pimenta dedo-de-moça sem sementes picada, salsinha picada a gosto, 1 colher (sopa) de gengibre picado, sal a gosto.*

▶ **Canjiquinha:** *1½ xícara (chá) de milho-verde cozido, 2½ xícaras (chá) de leite, 2 dentes grandes de alho picados, 2 colheres (sopa) de azeite de oliva, 1 cebola picada, sal e pimenta-do-reino a gosto, 2 xícaras (chá) de água, 1½ xícara (chá) de canjiquinha, ¼ de xícara (chá) de queijo coalho ralado, ¼ de xícara (chá) de Catupiry®.*

Modo de preparo

▶ **Pintado:** *faça uma marinada com a mistura de todos os ingredientes, exceto o sal. Deixe por no mínimo 30 minutos; o ideal é por 2 a 3 horas. Corte o peixe em cubos e coloque no espeto, intercalando com as batatas-bolinha. Tempere com sal. Grelhe em média 4 minutos de cada lado e pincele sempre com a marinada.*

▶ **Canjiquinha:** *bata o milho-verde com o leite no liquidificador e peneire. Reserve. Doure o alho no azeite, junte a cebola e refogue. Tempere com sal e pimenta-do-reino, acrescente o leite batido com milho e misture. Adicione a água, a canjiquinha e deixe cozinhar. Ajuste o sal e a pimenta-do-reino. Quando a canjiquinha estiver al dente, finalize a preparação com o queijo coalho e o Catupiry®. Misture bem e, se necessário, ajuste o sal novamente.*

Rendimento: 4 porções
Grau de dificuldade: fácil
Tempo de preparo: 1 hora

Mignon de leitoa com pirão de leite e mangalô

Ingredientes

▶ **Mignon:** 2 colheres (sopa) de azeite de oliva, 800 g de mignon de leitoa, sal e pimenta-do-reino a gosto.

▶ **Pirão de leite:** 3 dentes de alho picados, 2 colheres (sopa) de manteiga de garrafa, ½ cebola picada, sal e pimenta-do-reino a gosto, 1 xícara (chá) de leite, ¼ de xícara (chá) de farinha de mandioca torrada, ½ xícara (chá) de queijo parmesão ralado.

▶ **Mangalô:** 200 g de vagem mangalô, 1 dente de alho picado, 1 colher (sopa) de azeite de oliva, ½ cebola picada, sal e pimenta-do-reino a gosto.

Modo de preparo

▶ **Mignon:** borrife azeite em uma grelha, coloque os mignons, tempere com sal e pimenta-do-reino, grelhe-os até atingir o ponto desejado.

▶ **Pirão de leite:** doure o alho na manteiga de garrafa, junte a cebola e refogue. Tempere com sal e pimenta, junte o leite e, assim que ferver, adicione a farinha aos poucos, sem parar de mexer para não empelotar. Finalize com o parmesão e ajuste o sal, caso necessário.

▶ **Mangalô:** cozinhe o mangalô rapidamente em água e sal, escorra e reserve. Doure o alho e refogue a cebola no azeite, acrescente o mangalô cozido e tempere com sal e pimenta-do-reino.

Rendimento: 4 porções
Grau de dificuldade: fácil
Tempo de preparo: 40 minutos

Pudim de milho

Ingredientes

▶ **Calda:** *1½ xícara (chá) de açúcar e ⅔ de xícara (chá) de água.*

▶ **Pudim:** *2 xícaras (chá) de milho-verde, 1 xícara (chá) de leite, 1 lata de leite condensado, 3 ovos (claras e gemas separadas).*

Modo de preparo

▶ **Calda:** *em uma panela, coloque o açúcar e leve ao fogo baixo até obter uma coloração dourada. Em seguida, acrescente a água e deixe reduzir até ficar em ponto de fio. Desligue e despeje a calda no fundo e nas laterais da fôrma.*

▶ **Pudim:** *bata o milho com o leite no liquidificador por 3 minutos e passe a mistura na peneira. Passe as gemas pela peneira para tirar a película, incorpore o leite condensado, as gemas e as claras. Despeje a mistura na fôrma e asse por 1,5 hora a 110 ºC em banho-maria.*

Rendimento: *4 porções*
Grau de dificuldade: *fácil*
Tempo de preparo: *2 horas*

Churros com creme de jaca

Ingredientes

▶ **Churros:** *1 xícara (chá) de água, ¼ de xícara (chá) de manteiga, 3 colheres (sopa) de açúcar, 1 colher (sobremesa) de sal, 1⅔ xícara (chá) de farinha de trigo, 2 ovos, óleo para fritar, açúcar e canela para polvilhar.*

▶ **Creme de jaca:** *200 g de polpa de jaca, ⅓ de xícara (chá) de açúcar, ½ copo americano de leite, ⅓ de xícara (chá) de leite condensado, 2 gemas, 1 colher (sopa) de amido de milho.*

Modo de preparo

▶ **Churros:** *coloque na panela a água, a manteiga, o açúcar e o sal e deixe ferver. Incorpore a farinha e mexa bem até desgrudar do fundo da panela. Tire a panela do fogo e incorpore os ovos, um a um; misture bem. Coloque a massa em um saco de confeitar com um bico pitanga, faça tirinhas e frite. Empane no açúcar e na canela.*

▶ **Creme de jaca:** *em uma panela, misture a polpa de jaca com o açúcar; em seguida, leve ao fogo médio e mexa até o ponto de geleia. Retire do fogo e deixe esfriar. Em outra panela, coloque o leite, o leite condensado, as gemas e o amido de milho, mexa bem e leve ao fogo até engrossar; por fim, adicione a geleia de jaca reservada. Sirva o creme com os churros quentes.*

Rendimento: *4 porções*
Grau de dificuldade: *fácil*
Tempo de preparo: *30 minutos*

sertão

102	**Bolinho de feijoada**
104	**Vol-au-vent de abóbora com farofa de feijão-verde**
106	**Ravióli de tapioca**
108	**Xinxim de galinha**
110	**Arroz carreteiro**
112	**Feijoada**
114	**Bala de coco**
116	**Creme brulé de jaca**

Bolinho de feijoada

Ingredientes

70 g de rabo suíno salgado, 90 g de pé suíno salgado, 50 g de orelha suína salgada, 100 g de costela suína salgada, 124 g de lombo suíno salgado, 1 litro de água, 2 xícaras (chá) de feijão-preto, 90 g de linguiça calabresa, 60 g de paio defumado, 3 dentes de alho picados, 1 cebola picada, 120 g de bacon defumado cortado em cubos, 1 xícara (chá) de farinha de mandioca torrada.

❱ Recheio
115 g de barriga de porco, óleo e sal (q.b.), 27 g de linguiça toscana, 4 folhas de couve-manteiga.

❱ Para empanar
1⅓ de xícara (chá) de farinha de trigo, 4 ovos, 6 xícaras (chá) de farinha panko, óleo para fritar.

Modo de preparo

❱ Bolinho de feijoada: dessalgue as carnes (rabo, pé, orelha, costelinha e lombo) de um dia para o outro, trocando a água frequentemente. Cozinhe o feijão-preto com as carnes já dessalgadas por uns 40 a 50 minutos. Acrescente a linguiça e o paio. Faça um fundo com alho, cebola e bacon e adicione-o ao feijão. Ajuste os temperos. Desosse as carnes, bata no processador ou no liquidificador o feijão com as carnes desossadas, com o mínimo de caldo possível. Coloque de volta na panela e deixe ferver. Acrescente aos poucos a farinha de mandioca torrada e cozinhe até desgrudar totalmente da panela. Reserve.

❱ Recheio: corte a barriga em cubos grandes, coloque na panela com um pouco de óleo e sal. Deixe pururucar. Reserve. Grelhe a linguiça toscana e leve ao forno a 180 °C por 5 minutos para finalizar. Bata no processador o torresmo da barriga e a linguiça. Refogue a couve e adicione à panela as proteínas processadas, mexa, experimente o tempero e reserve.

Montagem

Faça bolinhas de 10 g de massa e 3 g de recheio. Boleie e passe na farinha de trigo, no ovo e na farinha panko. Frite e sirva a seguir.

Rendimento: 4 porções
Grau de dificuldade: médio
Tempo de preparo: 1 hora

Vol-au-vent de abóbora com farofa de feijão-verde

Ingredientes

▶ **Vol-au-vent:** *200 g de abóbora de pescoço, sal e pimenta-do-reino a gosto, 1 colher (sobremesa) de azeite de oliva.*

▶ **Farofa de feijão-verde:** *1¼ de xícara (chá) de feijão-verde, sal a gosto, 2 dentes de alho picados, 1 cebola picada, ½ xícara (chá) de manteiga de garrafa, 100 g de carne-seca dessalgada e desfiada, ⅓ de xícara (chá) de farinha de mandioca torrada, salsinha picada a gosto.*

Modo de preparo

▶ **Vol-au-vent:** *corte a abóbora em rodelas da espessura de cerca de 3 cm e depois, com a ajuda de um aro, corte em círculos de 5 cm. Com uma colher ou um boleador, cave o centro dos discos. Coloque-os em uma assadeira, regue com um fio de azeite e tempere com sal e pimenta-do-reino. Leve ao forno preaquecido a 180 °C por cerca de 10 minutos.*

▶ **Farofa de feijão-verde:** *cozinhe o feijão-verde com água e sal. Dispense o caldo. Doure o alho e a cebola em manteiga de garrafa, acrescente a carne-seca desfiada e o feijão. Salteie tudo e, por fim, acrescente a farinha de mandioca torrada. Finalize com a salsinha picada. Tempere com sal, se necessário. Sirva quente.*

Montagem

Recheie o vol-au-vent com a farofa e sirva a seguir.

Rendimento: *4 porções*
Grau de dificuldade: *médio*
Tempo de preparo: *35 minutos*

Ravióli de tapioca

Ingredientes

▶ **Ravióli de tapioca:** ½ cebola picada, azeite, sal e pimenta-do-reino a gosto, 1 xícara (chá) de leite, 1 xícara (chá) de leite de coco, 1⅓ de xícara (chá) de tapioca granulada, 1½ xícara (chá) de queijo Serra da Canastra ralado.

▶ **Recheio:** 1 xícara (chá) de requeijão do Norte, cortado em cubos.

▶ **Molho de ervas:** 2 dentes de alho picados, 2 colheres (sopa) de azeite de oliva, ½ cebola picada, 1 punhado de manjericão, sálvia, tomilho e alecrim picados, ½ xícara (chá) de salsinha, sal e pimenta-do-reino preta a gosto, ½ xícara (chá) de leite, ½ xícara (chá) de creme de leite fresco, 1 colher (sobremesa) de mel.

Modo de preparo

▶ **Ravióli:** doure a cebola no azeite, tempere com sal e pimenta-do-reino a gosto, acrescente o leite, o leite de coco e bata no liquidificador. Hidrate a tapioca com essa mistura e deixe descansar por 30 minutos. Adicione o queijo Serra da Canastra e ajuste o sal e a pimenta-do-reino. Faça pequenas bolinhas de aproximadamente 25 gramas, achate um pouco e recheie-as com o requeijão do Norte. Reserve.

▶ **Molho de ervas:** doure o alho no azeite, adicione a cebola e refogue. Adicione as ervas, exceto a salsinha, e refogue por alguns minutos. Em seguida, adicione salsinha, sal, pimenta-do-reino e desligue o fogo. Bata no liquidificador essa mistura juntamente com o leite, peneire e coloque de volta no fogo. Finalize com creme de leite e mel. Ajuste os temperos se necessário.

Rendimento: 4 porções
Grau de dificuldade: médio
Tempo de preparo: 2 horas

Xinxim de galinha

Ingredientes

600 g de galinha caipira, 2 xícaras (chá) de água fervente, 1 colher (sopa) de azeite de oliva, sal e pimenta-do-reino a gosto, pimenta dedo-de-moça a gosto, 1 limão taiti (suco e raspas), 1 limão-siciliano (suco e raspas), 1 limão-cravo (suco e raspas), 40 g de camarão seco, 3 dentes de alho picados, ½ cebola cortada em cubos, ⅓ de xícara (chá) de amendoim picado, ⅓ de xícara (chá) de castanha-de-caju picada, 2½ xícaras (chá) de leite de coco, 1 colher (sobremesa) de azeite de dendê, salsinha a gosto, 1 tomate maduro sem pele e sem sementes.

▶ **Farofa de pipoca:** 1 xícara (chá) de milho de pipoca, ¼ de xícara (chá) de manteiga de garrafa.

Modo de preparo

Corte a galinha em pedaços e escalde com água quente. Tempere com azeite, sal, pimenta-do-reino, pimenta dedo-de-moça e as raspas dos limões. Reserve. Limpe o camarão, tirando a cabeça, e lave com água morna para tirar o excesso de sal. Em uma panela, doure o alho no azeite, junte e refogue a cebola; em seguida, sele a galinha até dourar. Adicione o camarão, o amendoim, a castanha, o leite de coco, o azeite de dendê e, se necessário, adicione a água aos poucos. Cozinhe até que a galinha esteja macia, ajuste os temperos e finalize com salsinha e os tomates em cubos.

▶ **Pipoca:** estoure o milho na manteiga de garrafa e processe com o sal.

Rendimento: 4 porções
Grau de dificuldade: médio
Tempo de preparo: 1 hora

Arroz carreteiro

Ingredientes

4 dentes de alho picados, ¾ de xícara (chá) de azeite, 1 cebola em cubos, sal e pimenta-do-reino a gosto, 250 g de carne-seca desfiada, 250 g de costela bovina cozida e desfiada, 250 g de mignon de cordeiro em cubos pequenos, 250 g de filé-mignon bovino em cubos pequenos, 1⅔ de xícara (chá) de queijo coalho em cubos pequenos, 2 tomates em cubos, 3 xícaras (chá) de arroz branco cozido, 2 ovos, salsinha a gosto.

Modo de preparo

Doure o alho no azeite, adicione e refogue a cebola. Tempere com sal e pimenta-do-reino, acrescente a carne-seca, a costela, o mignon de cordeiro e o filé-mignon. Refogue, acerte o sal e a pimenta. Acrescente o queijo coalho, os tomates, o arroz cozido. Acerte o sal e a pimenta novamente, junte os ovos e mexa sem parar. Salpique a salsinha e sirva a seguir.

Rendimento: 4 porções
Grau de dificuldade: médio
Tempo de preparo: 1 hora

Feijoada

Ingredientes

100 g de carne-seca, 100 g de costela de porco, 100 g de lombo de porco, 100 g de paio, 100 g de linguiça calabresa, 90 g de pé de porco salgado, 50 g de orelha de porco salgada, 80 g de rabo de porco salgado, 1¾ de xícara (chá) de feijão-preto, ½ xícara (chá) de azeite, 30 g de bacon em cubos, 5 dentes de alho picados, 1 cebola picada, sal a gosto, 2 folhas de louro.

Modo de preparo

Dessalgue as carnes (costelinha, lombo, pé, orelha e rabo) de um dia para outro, trocando a água constantemente. Selecione os feijões, retirando as impurezas e os grãos danificados. Coloque para cozinhar na água com as folhas de louro. Em outra panela, adicione o azeite, o bacon e refogue. Quando o bacon estiver levemente frito, doure o alho, acrescente a cebola e refogue. Verifique o sal. Junte o refogado ao feijão em cozimento e misture. Acrescente os pertences do porco e as carnes para cozinhá-los e tingi-los, dando sabor ao feijão. Quando as carnes e os pertences estiverem cozidos, retire-os do feijão, corte da maneira padrão de cada carne e leve de volta ao fogo com o feijão. Acerte o sal, se necessário.

Rendimento: 4 porções
Grau de dificuldade: médio
Tempo de preparo: 6 horas

Bala de coco

Ingredientes

❱ **Bala de coco:** *1 xícara (chá) de açúcar, ¼ de xícara (chá) de leite de coco, 1 colher de sopa de leite de coco para finalizar, 3 colheres (sopa) de água filtrada, 1 colher (sopa) de manteiga sem sal (para untar).*

❱ **Baba de moça:** *: 10 gemas peneiradas, 1¼ de xícara (chá) de leite de coco, 1 xícara (chá) de açúcar refinado, ¾ de xícara (chá) de água filtrada.*

Modo de preparo

❱ **Bala de coco:** *leve todos os ingredientes ao fogo baixo sem mexer. Deixe ferver até ficar em ponto de bala dura (125 °C). Despeje a calda em uma pedra de mármore untada e deixe amornar. Comece a puxar a massa ainda morna até que ela fique com uma coloração perolada. Corte em pedacinhos e deixe descansar por 24 horas. Passado esse tempo, bata a bala em um processador; se necessário, adicione colheradas de leite de coco até que atinja uma massa consistente e uniforme que solte das mãos. Abra a massa sobre dois plásticos, corte em tiras de aproximadamente 2 mm de largura, molde em círculos de 5 cm de diâmetro e 6,5 cm de altura e deixe secar.*

❱ **Baba de moça:** *peneire as gemas e incorpore o leite de coco. Reserve. Faça uma calda com o açúcar e a água em ponto de fio médio, tire-a do fogo e misture com o preparo de gemas e o leite de coco. Coloque de volta no fogo baixo e misture sem parar até o creme engrossar.*

Rendimento: *4 porções*
Grau de dificuldade: *médio*
Tempo de preparo: *1h30*

Creme brulé de jaca

Ingredientes

500 g de gomos de jaca, ¾ de xícara (chá) de açúcar, 100 ml de água, 2 xícaras (chá) de creme de leite fresco, 12 gemas peneiradas, açúcar cristal para polvilhar.

Modo de preparo

◗ **Doce de jaca:** abra a jaca e retire os caroços. Misture a jaca com o açúcar e um pouco de água (aproximadamente 100 ml). Leve ao fogo até que os gomos comecem a desmanchar. Reserve.

◗ **Creme brulé:** bata o doce de jaca no liquidificador até virar uma pasta cremosa. Em uma vasilha de inox, acrescente à pasta obtida o creme de leite fresco e as gemas peneiradas. Leve ao fogo em banho-maria e mexa até engrossar. Retire do banho-maria e continue mexendo até esfriar.

Montagem

Coloque em recipientes individuais de cerâmica e leve à geladeira por 2 horas. Na hora de servir, polvilhe açúcar cristal e queime com o maçarico. Sirva com sorvete de castanha.

◗ **Dica da chef:** Use jaca dura para obter consistência e cremosidade melhores.

Rendimento: 4 porções
Grau de dificuldade: médio
Tempo de preparo: 1 hora

Eu nasci no dia de Santa Cecília, padroeira dos músicos. Meu pai é compositor e cantor. Minha tia, minha madrinha e quatro de meus primos são cantores também. Eu vivi sempre cercado de música. Pude acompanhar meu pai e seus amigos tocando e compondo lá em casa, ouvindo discos, gravando nos estúdios ou se apresentando ao vivo em palcos. Além disso, havia as festas no quintal de minha avó, em Santo Amaro, com samba de roda . E havia o carnaval fundamentalmente musical de Salvador, cidade onde nasci na Bahia.

Cresci feliz assim, mas foi um pouco mais tarde, já maiorzinho, que por um desentendimento entre amigos na escola acabei me sentindo muito triste e solitário. Naquela tarde ouvi na rua, tocando em um rádio ali perto, uma música de Dominguinhos e Anastácia, que me tocou como quem desperta para um dia bom. Senti a força da canção revelar e dissipar minha tristeza. Algo estranho se passou dentro de mim ali, uma espécie de transformação.

Na tentativa de entender como um som meio baixo saindo de um rádio distante pudesse ter tamanha força sobre mim e sobre toda a realidade à minha volta, a transformação aprofundou-se ainda mais. Percebi na música uma reverberação semântica real que acompanhava a já evidente ressonância física. Quando bem mescladas, letra e música formam um bálsamo eficaz. Foi esse remédio que me salvou e também me fez acordar verdadeiramente para a música. Naquele momento eu fiquei estupefato ao olhar para trás e ver que tinha nascido justamente em um país onde a musicalidade é tao desenvolvida, ainda mais dentro de uma família que acolhe, com seus amigos próximos, alguns dos melhores compositores, cantores e instrumentistas deste planeta.

Decidi que queria estar sempre por perto, contribuindo ativamente como fosse possível para o contínuo reconhecimento, difusão e uso da canção. Porque senti que havia recebido um presente muito valioso, e a melhor coisa que poderia fazer em relação a isso era me esforçar para muitas outras pessoas receberem um presente como esse também.

E foi isso o que fiz.

Escrevi a letra para uma música que meu pai estava compondo na sala de casa e deu certo, fizemos juntos minha primeira composição. Comecei a aprender a tocar violão, depois pandeiro. Aprendi a sambar. Passei a observar, maravilhado, os processos de gravação e seus equipamentos, seu tempo próprio e sua ciência. O som dos instrumentos, o ouvido do técnico de som... Comecei a prestar muita atenção aos shows, a me concentrar ao máximo na frente da música. Pedi que meu pai, Gil e outros músicos me ensinassem essa ou aquela canção. Até mesmo violoncelo fui aprender a tocar, e com isso minha visão musical se ampliou ainda mais.

O contato contínuo com meus amigos de infância que se tornaram músicos e com artistas de outras gerações, tanto mais velhos quanto mais novos do que eu, enriqueceu grandemente minha vida. Acompanhei de muito perto a revolução tecnológica em torno das novas formas de gravar e de distribuir música. Tornei-me produtor musical e técnico de som por insistência e experiência direta. Continuo compondo canções com meus parceiros ou sozinho. Aprendi, por fim, a estar sobre um palco e cantar.

De uma maneira ou de outra, sempre estive nesse caminho dentro do qual literalmente nasci.

E, para minha sorte, aqui estou até hoje.

trilha sonora

*Escaneie o QR code para ouvir
a trilha sonora com arranjos
exclusivos para este livro.*

- Brasil pandeiro
- Cocada
- Cravo e canela
- Refazenda
- Tropicana
- Feijoada completa
- Meu limão, meu limoeiro
- Comida
- No tabuleiro da baiana
- Linha de passe

Brasil pandeiro

Novos Baianos
Compositor: Assis Valente

Chegou a hora dessa gente bronzeada mostrar seu valor
Eu fui à Penha, fui pedir à Padroeira para me ajudar
Salve o Morro do Vintém, pendura a saia, eu quero ver
Eu quero ver o tio Sam tocar pandeiro para o mundo sambar
O Tio Sam está querendo conhecer a nossa batucada
Anda dizendo que o molho da baiana melhorou seu prato
Vai entrar no cuscuz, acarajé e abará
Na Casa Branca já dançou a batucada de ioiô, iaiá
Brasil, esquentai vossos pandeiros
Iluminai os terreiros que nós queremos sambar!
Há quem sambe diferente noutras terras, outra gente
Um batuque de matar
Batucada, reunir nossos valores
Pastorinhas e cantores
Expressão que não tem par, ó meu Brasil
Brasil, esquentai vossos pandeiros
Iluminai os terreiros que nós queremos sambar!
Brasil, esquentai vossos pandeiros
Iluminai os terreiros que nós queremos sambar!
Ô, ô, sambar.
Ô, ô, sambar...

Cocada

Roberta Sá
Compositor: Roque Ferreira

Vá ralar o coco
Pra fazer cocada
Vá ralar o coco
Pra fazer cocada
Cocada branca
E cocada escura
Cocada-puxa
E de amendoim
Pra vender no tabuleiro
Na ladeira do Bonfim
Ôi a cocada
A cocadeira
Já vendeu doce de coco
Lá na feira
Meu sinhô mandou vender
Na ladeira do Bonfim
Cocada com coco
E araçá-mirim
Ô, vá ralar
Vá ralar o coco
Vá ralar o coco pra fazer
Vá ralar o coco pra fazer cocada
Mercar no tabuleiro
Cocadinha de vender
Ôi a cocada
Trepe no coqueiro
Tire o coco e vá quebrar
Quebre o coco, tire a casca
Pegue o coco e vá ralar
Vá ralar o coco pra fazer cocada
Vá ralar o coco pra fazer cocada

Cravo e canela

Milton Nascimento
Compositores: Milton
Nascimento e Ronaldo Bastos

Ê morena quem temperou,
Cigana quem temperou
O cheiro do cravo
Cigana quem temperou,
Morena quem temperou
A cor de canela
A lua morena
A dança do vento
O ventre da noite
E o sol da manhã
A chuva cigana
A dança dos rios
O mel do cacau
E o sol da manhã

Refazenda

Gilberto Gil
Compositor: Gilberto Gil

Abacateiro, acataremos teu ato
Nós também somos do mato como o pato e o leão
Aguardaremos, brincaremos no regato
Até que nos tragam frutos teu amor, teu coração
Abacateiro, teu recolhimento é justamente
O significado da palavra temporão
Enquanto o tempo não trouxer teu abacate
Amanhecerá tomate e anoitecerá mamão
Abacateiro, sabes ao que estou me referindo
Porque todo tamarindo tem
O seu agosto azedo
Cedo, antes que o janeiro doce manga venha ser
também
Abacateiro, serás meu parceiro solitário
Nesse itinerário da leveza pelo ar
Abacateiro, saiba que na refazenda
Tu me ensina a fazer renda
Que eu te ensino a namorar
Refazendo tudo
Refazenda
Refazenda toda
Guariroba

9: Tropicana

Alceu Valença
Compositores: Alceu Valença
e Vicente Barreto

Da manga-rosa quero o gosto e o sumo
Melão maduro, sapoti, juá
Jabuticaba, teu olhar noturno
Beijo travoso de umbu-cajá
Pele macia, ai, carne de caju
Saliva doce, doce mel, mel de uruçu
Linda morena, fruta de vez temporana
Caldo de cana-caiana
Vem me desfrutar (vou te desfrutar)
Linda morena, fruta de vez temporana
Caldo de cana-caiana
Vou te desfrutar (vem me desfrutar)
Morena tropicana
Eu quero teu sabor
Oi,oi,oi,oi... (2x)

Feijoada completa

Chico Buarque
Compositor: Chico Buarque
de Hollanda

Mulher, você vai gostar
Tô levando uns amigos pra conversar
Eles vão com uma fome que nem me contem
Eles vão com uma sede de anteontem
Salta cerveja estupidamente gelada prum batalhão
E vamos botar água no feijão.
Mulher, não vá se afobar
Não tem que pôr a mesa nem dar lugar
Ponha os pratos no chão e o chão tá posto
E prepare as linguiças pro tira-gosto
Uca, açúcar, cumbuca de gelo, limão
E vamos botar água no feijão
Mulher, você vai fritar
Um montão de torresmo pra acompanhar
Arroz branco, farofa e a malagueta
A laranja-baía ou da seleta
Joga o paio, carne-seca, toucinho no caldeirão
E vamos botar água no feijão
Mulher, depois de salgar
Faça um bom refogado, que é pra engrossar
Aproveite a gordura da frigideira
Pra melhor temperar a couve mineira
Diz que tá dura, pendura, a fatura no nosso irmão
E vamos botar água no feijão

Meu limão, meu limoeiro

Inezita Barroso
Compositor: José Carlos Burle

Meu limão, meu limoeiro
Meu pé de jacarandá
Uma vez tin-do-lelê
Outra vez tin-do-lalá (2x)
Morena, minha morena
Corpo de linha torcida
Queira deus você não seja
Perdição da minha vida
Meu limão, meu limoeiro
Meu pé de jacarandá
Uma vez tin-do-lelê
Outra vez tin-do-lalá (2x)
Quem tem amores não dorme
Nem de noite, nem de dia
Dá tantas voltas na cama
Como peixe n´água fria
Meu limão, meu limoeiro
Meu pé de jacarandá
Uma vez tin-do-lelê
Outra vez tin-do-lalá (2x)
A folhinha do alecrim
Cheira mais quando pisada
Há muita gente que é assim,
Quer mais bem se desprezada
Meu limão, meu limoeiro
Meu pé de jacarandá
Uma vez tin-do-lelê
Outra vez tin-do-lalá (2x)

Comida

Titãs
Compositores: Sérgio Brito, Marcelo
Fromer e Arnaldo Antunes

Bebida é água!
Comida é pasto!
Você tem sede de quê?
Você tem fome de quê?...
A gente não quer só comida
A gente quer comida
Diversão e arte
A gente não quer só comida
A gente quer saída
Para qualquer parte...
A gente não quer só comida
A gente quer bebida
Diversão, balé
A gente não quer só comida
A gente quer a vida
Como a vida quer...
Bebida é água!
Comida é pasto!
Você tem sede de quê?
Você tem fome de quê?...
A gente não quer só comer
A gente quer comer
E quer fazer amor
A gente não quer só comer
A gente quer prazer
Pra aliviar a dor...
A gente não quer
Só dinheiro

A gente quer dinheiro
E felicidade
A gente não quer
Só dinheiro
A gente quer inteiro
E não pela metade...
Bebida é água!
Comida é pasto!
Você tem sede de quê?
Você tem fome de quê?...
A gente não quer só comida
A gente quer comida
Diversão e arte
A gente não quer só comida
A gente quer saída
Para qualquer parte...
A gente não quer só comida
A gente quer bebida
Diversão, balé
A gente não quer só comida
A gente quer a vida
Como a vida quer...
A gente não quer só comer
A gente quer comer
E quer fazer amor
A gente não quer só comer
A gente quer prazer
Pra aliviar a dor...
A gente não quer

Só dinheiro
A gente quer dinheiro
E felicidade
A gente não quer
Só dinheiro
A gente quer inteiro
E não pela metade...
Diversão e arte
Para qualquer parte
Diversão, balé
Como a vida quer
Desejo, necessidade, vontade
Necessidade, desejo, eh!
Necessidade, vontade, eh!
Necessidade...

No tabuleiro da baiana

Gal Costa
Compositor: Ary Barroso

No tabuleiro da baiana tem
Vatapá, oi, caruru, mungunzá oh, umbu pra ioiô
Se eu pedir você me dá
o seu coração, seu amor de iaiá
No coração da baiana também tem
sedução, canjerê, ilusão, candomblé
Pra você
Juro por Deus, pelo Senhor do Bonfim
Quero você baianinha inteirinha pra mim
E depois o que será de nós dois?
Seu amoré tão fugaz enganador
Tudo já fiz, fui até no canjerê
Pra ser feliz, meus trapinhos juntar com você
E depois vai ser mais uma ilusão
no amor que governa o coração

Linha de passe

João Bosco
Compositor: Aldir Blanc, João Bosco
e Paulo Emídio

Toca de tatu, linguiça e paio e boi zebu
Rabada com angu, rabo de saia
Naco de peru, lombo de porco com tutu
E bolo de fubá, barriga d'água
Há um diz que tem e no balaio tem também
Um som bordão bordando o som, dedão, violação

Diz um diz que viu e no balaio viu também
Um pega lá no toma-lá-dá-cá do samba
Um caldo de feijão, um vatapá e coração
Boca de siri, um namorado e um mexilhão
Água de benzê, linha de passe e chimarrão

Babaluaê, rabo de arraia e confusão...
...
Eh, yeah, yeah . . .
(Valeu, valeu, Dirceu do seu gado deu...)

Cana e cafuné, fandango e cassulê

Sereno e pé no chão, bala, candomblé

E o meu café, cadê? Não tem, vai pão com pão

Já era Tirolesa, o Garrincha, a Galeria
A Mayrink Veiga, o Vai-da-Valsa, e hoje em dia
Rola a bola, é sola, esfola, cola, é pau a pau
E lá vem Portela que nem Marquês de Pombal
Mal, isso assim vai mal, mas viva o carnaval
Lights e sarongs, bondes, louras, King-Kongs
Meu pirão primeiro é muita marmelada

Puxa saco, cata resto, pato, jogo de cabresto
E a pedalada

Quebra outro nariz, na cara do juiz
Aí, e há quem faça uma cachorrada
E fique na banheira, ou jogue pra torcida
Feliz da vida

Toca de tatu, linguiça e paio e boi zebu
Rabada com angu, rabo de saia
Naco de peru, lombo de porco com tutu

E bolo de fubá, barriga d'água
Há um diz que tem e no balaio tem também
Um som bordão bordando o som, dedão, violação
Diz um diz que viu e no balaio viu também
Um pega lá no toma-lá-dá-cá do samba

Meu muito obrigada

Esta obra, assim como meu primeiro livro – lançado em Paris no ano de 2005 –, também traz – só que ainda de maneira mais forte – a identidade do nosso povo, que imprime na arte, na comida, na música e na geografia esta nossa tão rica cultura alimentar. Comida não é só comida, comida é arte, história, geografia, cultura, afeto, tradição, inovação, criação, invenção, alimento. Nós somos o que comemos, e não comemos só com a boca; comemos com os olhos, com os ouvidos, somos influenciados pelas pessoas próximas, pelas referências e experiências que vivemos. Na minha trajetória, algumas pessoas ajudaram a direcionar o meu percurso. E a elas gostaria de dedicar este livro. A meus pais, que me deram sempre o exemplo de muita ética, esforço, gentileza e generosidade. A Eduardo Romero, que um dia olhou pra mim enquanto eu o servia de purê de banana-da-terra no bufê do Capim Santo e disse: "Que quadro lindo." Eu respondi: "É a capa do meu livro." Ele então perguntou: "Que livro?" Eu respondi: "*Sons e Sabores*". Ele então me pegou pelo braço e disse: "Nossa, nós tivemos o mesmo sonho em travesseiros diferentes! Vou fazer um evento em Paris, de comida com música, e você vem lançar esse livro comigo lá." Romero, meu muito obrigada, você com certeza ajudou a escrever uma parte muito importante da minha história. Agradeço também a André Boccato, meu sempre querido editor, um poeta sonhador que me inseriu neste universo literário. Eduardo Aisler, meu primeiro grande cliente, fiel, que me acompanha desde o início da carreira: sua fidelidade me ajudou a construir e a solidificar minha empresa. João Doria, meu grande mestre e professor: comprometimento, perfeição, disciplina e grandes conexões foram lições muito importantes. Mauro Gouveia, em um momento muito importante você me deu impulso para crescer. Mariana Ximenes, minha comadre, com você eu aprendi a pesquisar, buscar referências. Alexandra de Paula, minha amiga irmã, você me mostrou que é possível ser uma mulher muito bem-sucedida profissionalmente, firme e uma mãe doce e carinhosa. Joca Guanaes, meu compadre, com você eu aprendi a sonhar como criança e a executar como gente grande. Sara Oliveira, com você eu aprendi que chique é ser simples. Paulo de Oiá, aprendi com você que é dando que se recebe gratidão, axé, amém. Minha equipe, vocês me ensinaram a compartilhar alegrias e responsabilidades, ❤❤❤ sangue verde. Obrigada e um beijo.

Chef Morena Leite, do Grupo Capim Santo

Cenografia

A louça que acolhe, recebe um prato, conta muito sobre sua identidade; é como a moldura de um belo quadro. Aqui, o meu muito obrigada a esses esplêndidos ceramistas/artistas. Eles me ajudaram a construir este lindo e apetitoso livro em que, por meio dos cinco biomas, cinco cores representam os sabores do Brasil.

Cerâmica Kimi Nii

Kimi Nii nasceu no Japão, em Hiroshima, mas veio morar no Brasil aos 9 anos de idade. Formada em desenho industrial pela Fundação Armando Álvares Penteado (FAAP), ela inicia a criação de peças de design, como objetos utilitários e escultóricos, além de painéis e esculturas. Suas obras são construídas e estruturadas como formas geométricas, mesmo quando inspiradas na natureza. Kimi trabalha com cerâmica de alta temperatura, usando uma técnica milenar desenvolvida por chineses, difundida depois para Coreia e Japão. Por serem queimadas a quase 1.300 ºC, as peças ficam muito resistentes e adquirem textura e coloração características, com aspecto sofisticado e rústico ao mesmo tempo. Em lugar de a artista objetivar a forma final, como fez em sua carreira de designer gráfica, agora ela vivencia todo o processo; este vai além da modelagem, pois incorpora o efeito que as secagens e as queimas, com as variadas condições dentro dos fornos, têm sobre a matéria. Em seu ateliê são feitos desde delicados vasos que medem cerca de dois centímetros e se usam como pingentes – passando por xícaras, travessas, jarras, pratos, bancos – até esculturas e painéis com mais de uma centena de metros quadrados. Kimi realizou exposições individuais e coletivas no Brasil e no exterior como ceramista, designer e artista plástica.

Cerâmica Muriqui

O trabalho desta cerâmica busca constantemente sensibilizar o olhar e os sentidos do usuário, por intermédio da interação com a cerâmica. Cada peça Muriqui é única: a produção é artesanal, do começo ao fim do ciclo. Em sua coleção encontram-se peças produzidas com base em usos e costumes dos brasileiros, texturas regionais, formas naturais, influências culturais externas e insights bem-humorados. A Cerâmica Muriqui é livre de modismos; valoriza-se a arte e atua-se em favor da originalidade!

Cerâmica Stella Ferraz

Stella Ferraz nasceu em 1954, sob o signo de Aquário. Ela começou a se interessar pelo barro entre 8 e 10 anos, em uma aulinha perto de casa. Estudou desenho industrial no Mackenzie em 1974 e produção cultural na FAAP em 2014; nesse meio tempo cursou art and crafts em Londres, de 1976 a 1977. Aos 25 anos, a artista frequentou o ateliê de seu grande mestre Megumi Yuasa, e logo começou a produzir uma linha utilitária refratária, desenvolvida desde então, sempre procurando cores nos esmaltes de alta temperatura, desenhos e motivos que remetam ao Brasil. Há mais de trinta anos Stella trabalha com a produção de peças de cerâmica contemporâneas, de alta resistência, com design simples e básico e esmaltes especiais e únicos.

Cerâmica Hideko Honma

Fusão dos quatro elementos da natureza – água, fogo, terra e ar –, a cerâmica é a razão de ser e de viver de Hideko Honma. Com apenas 1,56 metro de altura, ela é gigante. Pelas prateleiras de sua loja-ateliê, em Moema, passeiam Alex Atala, Eric Jacquin e outras grifes da gastronomia paulistana. Todos querem Hideko Honma. "Eles chegam aqui e pedem branco, branco, branco. Acabam levando tudo colorido", diz. Submetido às altas temperaturas do forno, o material colhido transforma-se em cinza vegetal. Da cinza faz-se o esmalte, e nele são banhadas as peças. Palha de bananeira, galho de eucalipto, grama do mato revelam-se em verdes, azuis, marrons e tantos outros matizes. "Vejo linhas compridas apenas. Falta uma espiral. Quem não tem espiral não se encontra na vida", disse certa vez o pai de Hideko, lendo as mãos da menininha que queria ser artista. Décadas depois, debruçada sobre o torno – ainda sem muita certeza sobre os rumos profissionais –, Hideko viu seu dedo deslizar sobre o barro molhado. Surgia ali, da sua mão, uma espiral. Era da cerâmica seu futuro.

Studioneves

Desde 2011, o Studioneves, liderado pelos designers Gabi Neves e Alex Hell, desenvolve projetos sob medida para restaurantes, chefs e gourmets. Eles trabalham com argilas e porcelanas da mais alta qualidade, usam fornos a gás e elétricos em sua produção e contam com profissionais em constante treinamento. O objetivo deles é desenvolver peças sob medida para uso gastronômico, muitas vezes exclusivas para os clientes da cerâmica. Para isso, a argila utilizada é 100% atóxica e os esmaltes são desenvolvidos pela própria empresa, totalmente livres de metais pesados e exaustivamente testados para uso em restaurantes. As peças podem ser levadas ao forno convencional, micro-ondas e máquina de lavar louça.

Capa

Autora da nossa capa, Nina Pandolfo ficou conhecida por criar um universo lúdico e bem particular, pintando delicadas meninas de olhos grandes e expressivos, que misturam uma dose de ingenuidade com a delicadeza feminina e um toque de sensualidade.

Priscila Prade

Nina Pandolfo

As obras de Nina, com o tempo, foram ganhando novos personagens, como gatos, abelhas, peixes e outros pequenos animais, sempre retratados com as suas pinceladas características. Nascida em 1977 na cidade de Tupã, interior de São Paulo, a artista se mudou para a capital paulista ainda bebê. Na adolescência, junto a um grupo de amigos que conheceu enquanto cursava comunicação visual, Nina experimentou a emoção da primeira pintura de rua, que ficou registrada na avenida Tiradentes, em frente à Estação da Luz, região central de São Paulo. Assim, Nina fez parte da geração de artistas brasileiros que cresceu grafitando nos anos 1990 e levou a arte das ruas para os principais museus e galerias do mundo. Sua primeira exposição, *Um minuto de silêncio*, aconteceu em 1999 – uma coletiva realizada na Funarte, em São Paulo. Internacionalmente, Nina fez sua estreia em 2002, participando com algumas telas da coletiva *I Don't Know*, na galeria Die Farberie, em Munique, na Alemanha. E foi assim que Nina ganhou o mundo com sua arte.

A EDITORA SENAC RIO PUBLICA LIVROS NAS ÁREAS DE BELEZA E ESTÉTICA,
CIÊNCIAS HUMANAS, COMUNICAÇÃO E ARTES, DESENVOLVIMENTO SOCIAL, DESIGN
E ARQUITETURA, EDUCAÇÃO, GASTRONOMIA E ENOLOGIA, GESTÃO E NEGÓCIOS,
INFORMÁTICA, MEIO AMBIENTE, MODA, SAÚDE, TURISMO E HOTELARIA.

VISITE O SITE **WWW.RJ.SENAC.BR/EDITORA**,
ESCOLHA OS TÍTULOS DE SUA PREFERÊNCIA E BOA LEITURA.

FIQUE ATENTO AOS NOSSOS PRÓXIMOS LANÇAMENTOS!

À VENDA NAS MELHORES LIVRARIAS DO PAÍS.

EDITORA SENAC RIO
TEL.: (21) 2018-9020 RAMAL: 8516 (COMERCIAL)
COMERCIAL.EDITORA@RJ.SENAC.BR

FALE CONOSCO: FALECONOSCO@RJ.SENAC.BR

ESTE LIVRO FOI COMPOSTO NAS TIPOGRAFIAS FS LOLA, MADEMOISELLE E PLAYBALL,
POR CS_CRIAÇÃO E IMPRESSO PELA COAN INDÚSTRIA GRÁFICA LTDA., EM PAPEL
COUCHÉ MATTE 150 G/M^2, PARA A EDITORA SENAC RIO,
EM JULHO DE 2024.